Готварска книга за пържено пиле

100 КЛАСИЧЕСКИ ЮЖНЯШКИ РЕЦЕПТИ

Айдън Колев

СЪДЪРЖАНИЕ

3

ВЪВЕДЕНИЕ

Любител ли сте на хрупкаво, сочно и пикантно пържено пиле? Не търсете повече от това най-добро ръководство за всички неща, свързани с пърженото пиле! От класически южняшки рецепти до международни обрати, тази готварска книга има всичко необходимо, за да усъвършенствате вашата игра с пържено пиле. Научете за най-добрите парчета пиле, които да използвате, различните теста и покрития за постигане на тази перфектна хрупкавост и тайните подправки, за да изведете вашето пържено пиле на следващото ниво. Ще намерите рецепти за класическо южно пържено пиле, пикантно пържено пиле по корейски, пържено пиле с мътеница и дори варианти без глутен и фритюрник. Впечатлете семейството и приятелите си с новооткритите си умения за пържено пиле и се насладете на комфорта и удовлетворението, които може да донесе само перфектно изпържено парче пиле. Така че, избършете праха от този тиган и се пригответе да изпържите малко вкусотии!

пържено пиле, южняшка, комфортна храна, сочна, хрупкава, пикантна, мътеница, корейска, без глутен, въздушен фритюрник, тесто, покритие, подправка, подходяща за семейства, класическа, международна, техники за готвене, перфектна хрупкава храна, тайни съставки, домашна кухня , вкусно, пръстите да оближеш, върховно ръководство, рецепти, умения, удовлетворение, тиган..

ПЪРЖЕНО ПИЛЕ В ОЛИО

1. Пиле на бира

съставки

- 1 ½ фунта половинки пилешки гърди без кост и кожа
- 1 ½ чаши универсално брашно
- 1 чаена лъжичка бакпулвер
- 2 яйца, разбити
- ½ чаша бира
- 1 чаена лъжичка сол
- ½ чаена лъжичка лют червен пипер
- 1 супена лъжица лятна чубрица
- олио за пържене

Упътвания

1. Изплакнете пилето и го нарежете на 1" ивици. В средна купа разбъркайте заедно 1 чаша брашно и бакпулвер. Смесете разбитите яйца и бирата, оставете настрана. Поставете останалата ½ чаша брашно в малка купа или кафява хартиена торбичка, добавете сол, лют червен пипер и чубрица и разклатете, за да се смеси добре.
2. Загрейте олио в холандска фурна или фритюрник до 375°F.
3. Пуснете пилешките ивици в торбата и разклатете добре, за да се покрият равномерно. Потопете набрашнените ленти в тестото. Запържете няколко наведнъж в сгорещено олио в холандска фурна или фритюрник, като обърнете веднъж, докато покритието стане златисто кафяво от двете страни, около 4 до 5 минути.
4. Извадете лентите от сгорещеното олио с щипка или решетъчна лъжица и ги дръжте топли в чиния във фурната, настроена на най-ниската степен, до сервиране.
5. Порции 4–6

2. Пържено пиле с мътеница

съставки

- 2 чаши мътеница
- 1 ½ чаени лъжички сол
- ½ чаена лъжичка прясно смлян черен пипер
- 3 паунда пържени парчета пиле
- 1 чаша универсално брашно
- олио за дълбоко пържене

Упътвания

1. Комбинирайте мътеницата с половината сол и черен пипер. Поставете пилето в найлонов плик Ziploc и изсипете сместа върху парчетата пиле, обърнете всички парчета, за да се покрият добре, и ги охладете за една нощ.
2. Загрейте олио в холандска фурна или фритюрник до 365°F.
3. В средна купа смесете брашното и другата половина сол и черен пипер. Изцедете маринатата от пилешките парчета и с помощта на хартиена торбичка или плитък съд покрийте пилешките парчета в сместа от брашно, отърсете излишното и поставете парчетата на един слой върху лист восъчна хартия.
4. Внимателно добавете пилешките парчета към сгорещеното олио и гответе 5 до 7 минути с капак. Махнете капака, обърнете пилето и гответе парчетата за още 5 до 7 минути. Махнете капака и ги гответе още 8 до 10 минути, докато кожата стане хрупкава.
5. Извадете парчетата пиле с щипки и ги отцедете върху хартиени кърпи. Сервирайте веднага върху затоплена чиния.
6. Порции 4–6

3. Класическо южно пържено пиле

съставки:

2 паунда парчета пиле

1 чаша универсално брашно

1 ч. л. сол

1 ч. л. черен пипер

1 ч. л. червен пипер

1 ч. л. чесън на прах

1 ч. л. лук на прах

1/2 ч. л. кайенски пипер

2 яйца

1/4 чаша мляко

Растително масло за пържене

Упътвания:

Изплакнете пилешките парчета и ги подсушете.

В плитка чиния смесете заедно брашно, сол, черен пипер, червен пипер, чесън на прах, лук на прах и лют червен пипер.

В отделна купа разбийте заедно яйцата и млякото.

Потопете всяко парче пиле в яйчената смес и след това в брашнената смес, като покриете равномерно.

Загрейте 1 инч масло в дълбок тиган или холандска фурна до 350°F (175°C).

Пържете пилето на порции за 12-15 минути или докато стане златисто кафяво и се свари.

Отцедете върху решетка или хартиени кърпи.

4. Пържено пиле по корейски

съставки:

2 паунда пилешки крилца или барабанчета

1/2 чаша царевично нишесте

1/2 чаша универсално брашно

1 ч. л. сол

1/2 ч. л. черен пипер

1/2 ч. л. чесън на прах

1/2 ч. л. лук на прах

1/2 ч. л. червен пипер

1/4 ч. л. кайенски пипер

Растително масло за пържене

1/4 чаша gochujang (корейска паста от чили)

2 супени лъжици соев сос

2 супени лъжици мед

2 супени лъжици оризов оцет

2 скилидки чесън, смлени

1 ч. л. сусамово масло

1 ч. л. сусам, за гарнитура

2 глави зелен лук, нарязани, за гарнитура

Упътвания:

Изплакнете пилешките крилца или барабаните и ги подсушете.

В плитка чиния смесете заедно царевично нишесте, брашно, сол, черен пипер, чесън на прах, лук на прах, червен пипер и лют червен пипер.

В отделна купа разбийте гочуджанг, соев сос, мед, оризов оцет, смлян чесън и сусамово масло.

Загрейте 1 инч масло в дълбок тиган или холандска фурна до 350°F (175°C).

Покрийте всяко пилешко парче в брашнената смес, като изтръскате излишното.

Пържете пилето на порции за 10-12 минути или докато стане златисто кафяво и се свари.

Хвърлете пилето в сместа gochujang, докато се покрие добре.

Гарнирайте със сусам и зелен лук.

5. Каджун пържено пиле

съставки:

2 lbs парчета пиле
1 чаша универсално брашно
1 супена лъжица подправка Cajun
1 ч. л. сол
1/2 ч. л. черен пипер
1/2 ч. л. чесън на прах
1/2 ч. л. лук на прах
1/4 ч. л. кайенски пипер
1 чаша мътеница
Олио за пържене
Инструкции:

В плитка чиния смесете заедно брашното, подправката Cajun, солта, черния пипер, чесъна на прах, лука на прах и лютия червен пипер.
В друга плитка чиния изсипете мътеницата.
3. Потопете всяко пилешко парче в мътеницата, след това го потопете в сместа от брашно, като се уверите, че е равномерно покрито.
Загрейте олио в дълбок тиган на средно висока температура.
Запържете парчетата пиле за 15-20 минути, или докато пилето стане златисто кафяво и се свари.

6. Пиле в одеяло

съставки

- Пиле, увито в пергамент
- 4 лука, само зелени върхове
- 2 големи пилешки гърди
- 4 супени лъжици смлян джинджифил
- 2 супени лъжици оризово вино
- 2 супени лъжици соев сос
- 1 чаена лъжичка сол
- ¼ чаена лъжичка бял пипер
- 1 чаена лъжичка захар
- 2 чаени лъжички масло
- 1 чаша терияки или сос hoisin, за потапяне
- 24 квадрата пергаментова хартия
- олио за дълбоко пържене

Упътвания

1. Нарежете лука по дължина и след това го нарежете на 1 ½ инча дължини, след което нарежете пилешките гърди на ленти ½ инча широки и 1 ½ инча дълги.
2. Поставете пресния, смлян джинджифил в преса за чесън и изстискайте 1 чаена лъжичка сок от джинджифил. В средна купа смесете сока от джинджифил с виното, лука, соевия сос, солта, черния пипер и захарта, за да направите марината за пилешките лентички. Оставете пилето да се маринова на стайна температура в покрит съд за поне 30 минути.
3. Поставете квадрат от пергамент пред вас, с един ъгъл към вас. Натрийте малко масло в центъра на хартията и поставете парче пиле с размер на 1 супена лъжица и малко лук върху хартията хоризонтално, доста под центъра на квадрата под ъгъл.
4. Сгънете долния ъгъл нагоре, за да покриете месото, след това сгънете левия ъгъл надясно и десния ъгъл надясно, за да направите малък плик. Сгънете горния ъгъл надолу и го пъхнете здраво. Повторете, като използвате всички квадрати от хартия за печене, като използвате останалото пиле и лук.

5. Във фритюрник загрейте олиото до 375°F.
6. Пържете 2 или 3 плика наведнъж в сгорещено олио за 1 минута от всяка страна. Извадете ги с решетъчна лъжица или шпатула и ги отцедете върху хартиени кърпи.
7. Сервирайте ги със сос терияки или хойсин отстрани за потапяне. Всеки човек получава два до три плика, поставени в чинията си и всеки отваря пликовете си, когато храненето започне.
8. Порции 10–12

7. Дълбоко пържени лимонови корниш кокошки

съставки

- 2 1 ½-фунтови корнуолски дивечови кокошки
- ¼ чаша пресни листа от розмарин
- 2 супени лъжици лимонов пипер
- 2 супени лъжици гранули сушени лимонови кори
- 1 чаена лъжичка чесън на прах
- 2 чаени лъжички сол
- олио за дълбоко пържене
- резенчета лимон за сервиране

Упътвания

1. Изплакнете, почистете и подсушете дивечовите кокошки, като ги потупате отвътре и отвън с хартиена кърпа.
2. В малка купа смесете розмарин, лимонов пипер, гранули лимонова кора, чесън и сол. Запазете половината от сместа и я оставете настрана. Втрийте другата половина в кокошките, като ги поръсите и отвътре. Оставете ги да престоят, покрити, на стайна температура за 1 час.
3. Загрейте олиото във фритюрник или холандска фурна до 375°F. Внимателно сложете корнишките кокошки в горещото олио и ги запържете до златисто кафяво, около 12 минути.
4. За да проверите готовността, използвайте решетъчна лъжица или щипка, за да извадите внимателно кокошката от тенджерата и поставете термометър с незабавно отчитане в най-дебелата част на бедрото, без да докосвате костта - трябва да показва 180°F.
5. Прехвърлете кокошките върху решетка и ги оставете да починат, покрити, за 5 минути. Сервирайте ги цели или използвайте сатър, за да ги разделите на две по дължина. Поръсете всяка кокошка със заделената смес от подправки и билки и сервирайте.
6. Порции 2–4

8. Пилешки голф топки с чесън

съставки

- 2 килограма смляно пиле (или свинско)
- ½ чаена лъжичка цитрусов пипер
- ½ чаена лъжичка сол
- ½ чаена лъжичка подправка за домашни птици
- 2 супени лъжици царевично нишесте
- 2 супени лъжици соев сос
- 3 БЕЛТЪКА:
- ½ чаена лъжичка прясно настърган джинджифил
- 2 супени лъжици вино Марсала (или използвайте любимо шери)
- 4 скилидки чесън, счукани

тесто:

- 1 чаша царевично нишесте
- 1 чаша брашно
- олио за дълбоко пържене

Упътвания

1. Загрейте олиото до 375°F в холандска фурна или съд за пържене.
2. В голяма купа разбъркайте старателно пилето с черния пипер, солта, подправката за птиче месо и белтъците. Оставете сместа да престои 10 минути, покрита с найлон. С ръцете си оформете от пилешката смес топки с размер на топка за голф и ги поставете върху восъчна хартия или алуминиево фолио.
3. Смесете царевичното нишесте с брашното и оваляйте всяка топка в тази смес, за да се покрие равномерно.
4. Плъзнете топките в олиото и гответе, докато изплуват и станат златистокафяви, около 5 минути. Извадете с решетъчна лъжица и отцедете върху хартиени кърпи. Сервирайте топли.
5. Порции 8

9. Пилешки златни хапки

съставки

- ½ чаша брашно
- 1 ½ чаена лъжичка чеснова сол
- 1 чаена лъжичка червен пипер
- 1 чаена лъжичка градински чай
- 1 чаена лъжичка лук на прах
- ½ чаена лъжичка бял пипер
- ½ чаена лъжичка подправка за домашни птици
- ½ чаша вода
- 1 яйце, леко разбито
- 3 цели обезкостени пилешки гърди, обелени и нарязани на хапки 1 ½" на 1 ½"
- олио за дълбоко пържене
- 1 връзка пресен магданоз за гарнитура
- настърган пармезан за гарнитура
- червен пипер за гарнитура

Упътвания

1. Загрейте олиото до 375°F във фритюрник.
2. Комбинирайте брашното и подправките в средна стъклена купа, добавете водата и яйцето и разбъркайте добре, за да направите гладко тесто.
3. Потопете парчетата пиле в тестото, оставяйки излишното да се отцеди. Плъзнете 3 до 4 парчета наведнъж в горещото олио и изпържете до хрупкавост - около 2 до 4 минути. Отцедете добре хапките върху хартиени кърпи, след което прехвърлете пилето в топло плато, гарнирано с пресен магданоз. Поръсете с настърган пармезан и червен пипер и сервирайте.
4. Порции 6

10. Пилешки ленти с лимон

съставки

- 2 килограма обезкостени пилешки гърди

тесто:

- ½ чаша брашно
- ½ чаша царевично нишесте
- ¼ чаена лъжичка чеснова сол
- ½ чаена лъжичка двойно действащ бакпулвер
- ½ чаена лъжичка растително масло

сос:

- 2 големи лимона
- 3 супени лъжици кафява захар
- ½ чаша бяло вино
- 1 чаена лъжичка царевично нишесте
- 2 чаени чаши вода
- стръкчета магданоз за украса
- олио за дълбоко пържене

Упътвания

1. Загрейте олиото до 350°F в холандска фурна или съд за пържене.
2. Нарежете обезкостените пилешки гърди на ленти с дължина около 3 инча и ширина ½ инча. Поставете ги в плитка купа и покрийте с найлоново фолио и оставете настрана.
3. В средна купа смесете брашното, царевичното нишесте, бакпулвера, солта и олиото с голяма лъжица и разбъркайте до гладкост.
4. Нарежете един лимон на ¼" резени и оставете настрана. Изстискайте сока от втория лимон в малка купа, добавете захарта и бялото вино и разбъркайте добре. Заделени.
5. В малка чаша смесете царевичното нишесте и 2 чаени лъжички вода. Разбъркайте, за да се смесят напълно. Заделени.
6. Потопете всяко парче пиле в тестото и оставете излишното да капе обратно в купата.

7. Пържете пилето на малки партиди от 10-12 парчета. Пилешките ленти трябва да покафенеят добре за 4-5 минути. Уверете се, че не се слепват.

8. Готовите ленти извадете от маслото с решетъчна лъжица и ги отцедете върху хартиени кърпи.

9. Пригответе лимоновия сос, като изсипете сместа лимон-захар-вино в малка тенджера и доведете течността до кипене на силен огън. Добавете сместа царевично нишесте-вода и разбъркайте, докато сместа се сгъсти.

10. Поставете отцедените парчета пиле върху шарена чиния, добавете резенчета лимон за гарнитура и поръсете с магданоз. Сервирайте лимонов сос отстрани.

11. Порции 2—4

11. Пъртски пържени крилца

съставки

- 16 пилешки крилца
- 8 супени лъжици соев сос
- 7 супени лъжици сос от стриди
- 8 супени лъжици сладко шери
- 3 супени лъжици сок от лайм
- сол и черен пипер на вкус
- 1 чаша универсално брашно
- 1 чаша царевично брашно
- олио за дълбоко пържене

Упътвания

1. Загрейте фритюрника до 375°F.
2. Поставете пилешките крилца в непорест стъклен съд, найлонов плик Ziploc или купа от неръждаема стомана. С помощта на нож направете дупки в крилцата, за да позволите на маринатата да проникне в месото.
3. В малка купа смесете соевия сос, соса от стриди, шерито, сока от лайм, солта и черния пипер и изсипете сместа върху пилето. Покрийте съда или запечатайте торбата и го охладете за 12 до 24 часа.
4. Извадете пилето от маринатата, като изхвърлите останалата марината. Смесете брашната заедно в плитък съд или купа и хвърлете крилцата в тази смес, докато се покрият добре от всички страни.
5. Загрейте олиото във фритюрник. Гответе крилцата, докато станат хрупкави, сварени и соковете им потекат, около 4–5 минути.
6. Отцедете върху хартиени кърпи и сервирайте.
7. Порции 8

12. Перфектно хрупкаво пържено пиле

Добив: 3 порции

съставки

- 3 средни (празни) четвъртинки пилешки бутчета, нарязани на бутчета и бутчета
- 2 чаши мътеница или колкото е необходимо за покриване
- ¾ чаша универсално брашно
- ¼ чаша царевично брашно
- 1 чаена лъжичка гранулиран лук
- 1 чаена лъжичка гранулиран чесън
- 1 чаена лъжичка смляна мащерка
- 1 супена лъжица сол
- ½ чаена лъжичка червен пипер
- ¼ чаена лъжичка мононатриев глутамат (MSG)
- ¼ чаена лъжичка бакпулвер
- ⅛ чаена лъжичка лют червен пипер
- 4 големи белтъка белтъците, разбити на пяна
- 2 чаши растително масло за пържене

Упътвания

a) Поставете пилешките бутчета и бутчетата в купа и налейте достатъчно мътеница върху пилето, за да покрие. Покрийте и охладете за 12 до 24 часа.

b) Комбинирайте брашно, царевично брашно, гранулиран лук, гранулиран чесън, мащерка, сол, червен пипер, мононатриев глутамат, бакпулвер и лют червен пипер в голяма, широка купа.

c) Извадете пилето от мътеницата и отърсете излишното. Изхвърлете мътеницата.

d) Подсушете пилето с хартиени кърпи.

e) Потопете пилешкото в белтъците и натиснете в брашнената смес. Оставете покритото пиле да почине върху решетка за 20 до 30 минути.

f) Напълнете чугунен тиган или фритюрник с растително масло около 1/3. Загрейте до 350 градуса F (175 градуса C).

g) Загрейте фурната до 250 градуса F (120 градуса C).

h) Пържете пилето в сгорещено олио на порции до златисто кафяво и вече не розово в центъра, 8 до 10 минути от всяка страна. Пърженето на бутчетата може да отнеме повече време от бутчетата. Прехвърлете пърженото пиле върху решетка или покрита с хартиена кърпа тава, за да се отцеди.

i) Дръжте пилето топло в предварително загрята фурна, докато пържите останалите парчета.

13. Истинско южно пържено пиле

Сервиране: 4 порции

съставки
- 3 чаши мътеница, разделени
- 3 супени лъжици кошер сол, разделени
- 1 чаена лъжичка едро смлян пипер, разделен
- 1 бройлерно/фритюрно пиле (3 до 4 паунда), нарязано
- Масло за дълбоко пържене
- 2 чаши универсално брашно
- 1 чаена лъжичка лук на прах
- 1 чаена лъжичка чесън на прах
- 1 чаена лъжичка червен пипер

Посока
a) Разбийте 1/8 ч.л. черен пипер, 1 ч.ч. сол и 2 чаши мътеница заедно в плитка купа. Добавете пиле, след което обърнете към палтото; охладете за една нощ, докато са покрити.
b) Загрейте олио до 375 ° във фритюрник или електрически тиган. Междувременно сложете остатъците от мътеница в плитка купа. Разбийте заедно остатъци от черен пипер и сол, червен пипер, чесън на прах, лук на прах и брашно в друга плитка купа.
c) За втори слой панировка сложете 1/2 брашнена смес в отделна плитка купа. Отцедете пилето, изхвърлете марината и след това подсушете пилето; потопете в смес от брашно, докато се покрие от двете страни, след което изтръскайте излишното.
d) Потопете в мътеница; оставете излишното да се отцеди. Потопете пилето в остатъчната смес от брашно за 2-ри слой паниране, потупвайки, за да залепне покритието.
e) Запържете пилето, няколко парчета наведнъж, докато соковете се избистрят и пилето покафенее, около 4-5 минути от всяка страна; поставете върху хартиени кърпи, за да се отцедят.

14. Основно пържено пиле

Прави: 4

СЪСТАВКИ:
- ⅓ чаша брашно
- 1 чаена лъжичка сол или на вкус
- ¼ чаена лъжичка смлян пипер или на вкус
- 1 пиле, нарязано на порции
- ½ чаша зеленчукова мазнина

ИНСТРУКЦИИ:
a) В голяма найлонова торбичка смесете брашното със сол и черен пипер. Разклатете пилето в плик със сместа. В голям, дълбок тиган на среден огън разтопете мазнината.
b) Гответе пилето непокрито, загрейте за 20 до 30 минути от всяка страна или докато се свари.

15. Пържено пиле на фурна, югозападен стил

СЪСТАВКИ:

- 1 пиле, нарязано на порции
- 1 чаша мътеница
- ¾ чаена лъжичка табаско, по избор
- Растително масло за пържене
- ½ чаша брашно
- ½ чаша царевично брашно
- 1 чаена лъжичка сол
- ¾ чаена лъжичка чили на прах
- ¼ чаена лъжичка смлян пипер

ИНСТРУКЦИИ:

a) Поставете пилето в голяма купа. Поръсете с табаско.

b) Изсипете мътеница отгоре и оставете да се маринова за 10 до 15 минути. Загрейте фурната до 425оF. Поставете ½ инч масло на дъното на тежка тава за печене, достатъчно голяма, за да побере пилето, без да се натрупва. Поставете тавата във фурната да се загрее за 10 минути.

c) В найлонов плик комбинирайте останалите съставки. Разклатете пилето в овкусено брашно. Извадете парчетата едно по едно и бързо ги поставете в горещо олио. Поставете във фурната и печете 20 минути. Обърнете и печете още 10 до 15 минути или докато пилето се сготви.

d) Отцедете пилето върху намачкани хартиени кърпи.

16. Пиле с кора от мандарина

СЪСТАВ:

- 3 големи белтъка
- 2 супени лъжици царевично нишесте
- 1½ супени лъжици лек соев сос, разделен
- ¼ чаена лъжичка смлян бял пипер
- ¾ паунд обезкостени пилешки бутчета без кожа, нарязани на хапки
- 3 чаши растително масло
- 4 обелени резена пресен джинджифил, всеки с размер на четвърт
- 1 чаена лъжичка съчуански черен пипер, леко натрошен
- Кошерна сол
- ½ жълт лук, тънко нарязан на ивици с ширина ¼ инча
- Кората на 1 мандарина, нарязана на ленти с дебелина ⅛ инча
- Сок от 2 мандарини (около ½ чаша)
- 2 супени лъжици сусамово масло
- ½ чаена лъжичка оризов оцет
- Светлокафява захар
- 2 лука, нарязани на ситно, за гарнитура
- 1 супена лъжица сусам, за гарнитура

ИНСТРУКЦИИ:

a) В купа за смесване, с помощта на вилица или бъркалка, разбийте белтъците на пяна и докато по-плътните бучки станат на пяна. Разбъркайте царевичното нишесте, 2 чаени лъжички светла соя и белия пипер, докато се смесят добре. Сгънете пилето и мариновайте за 10 минути.

b) Изсипете олиото в уока; маслото трябва да е дълбоко около 1 до 1½ инча. Доведете маслото до 375°F на средно висока температура. Можете да разберете, че маслото е с правилната температура, когато потопите края на дървена лъжица в маслото. Ако маслото шупне и цвърчи около него, маслото е готово.

c) С помощта на решетъчна лъжица или уок скимер извадете пилето от маринатата и отърсете излишното. Внимателно се спускат в горещото олио. Запържете пилето на порции за 3 до 4 минути или докато пилето стане златистокафяво и хрупкаво на повърхността. Прехвърлете в чиния, покрита с хартиена кърпа.

d) Изсипете всичко освен 1 супена лъжица олио от уока и го поставете на средно силен огън. Завъртете маслото, за да покриете основата на уока. Подправете маслото, като добавите джинджифила, черен пипер и щипка сол. Оставете джинджифила и зърната черен пипер да цвърчат в маслото за около 30 секунди, като ги разбърквате внимателно.

e) Добавете лука и запържете, като разбърквате и обръщате с уок шпатула за 2 до 3 минути, или докато лукът стане мек и полупрозрачен. Добавете кората на мандарината и запържете, като разбърквате, още една минута или докато се появи аромат.

f) Добавете сока от мандарина, сусамовото масло, оцета и щипка кафява захар. Оставете соса да заври и оставете да къкри за около 6 минути, докато се намали наполовина. Трябва да е сиропиран и много пикантен. Опитайте и добавете щипка сол, ако е необходимо.

g) Изключете котлона и добавете пърженото пиле, разбъркайте, за да се покрие със соса. Прехвърлете пилето в чиния, изхвърлете джинджифила и украсете с нарязания лук и сусамовите семена. Сервирайте горещ.

17. Пиле в сусамов сос

СЪСТАВ:

- 3 големи белтъка
- 3 супени лъжици царевично нишесте, разделени
- 1½ супени лъжици лек соев сос, разделен
- 1 килограм пилешки бутчета без кост и кожа, нарязани на хапки
- 3 чаши растително масло
- 3 обелени резена пресен джинджифил, всеки с размер на четвърт
- Кошерна сол
- Люспи от червен пипер
- 3 скилидки чесън, едро нарязани
- ¼ чаша пилешки бульон с ниско съдържание на натрий
- 2 супени лъжици сусамово масло
- 2 лука, нарязани на ситно, за гарнитура
- 1 супена лъжица сусам, за гарнитура

ИНСТРУКЦИИ:

a) В купа за смесване, като използвате вилица или бъркалка, разбийте белтъците, докато станат на пяна и по-плътните бучки белтък се разпенят. Разбъркайте заедно 2 супени лъжици царевично нишесте и 2 чаени лъжички лека соя, докато се смесят добре. Сгънете пилето и мариновайте за 10 минути.

b) Изсипете олиото в уока; маслото трябва да е дълбоко около 1 до 1½ инча. Доведете маслото до 375°F на средно висока температура. Можете да разберете, че маслото е с правилната температура, когато потопите края на дървена лъжица в маслото. Ако маслото шупне и цвърчи около него, маслото е готово.

c) С помощта на решетъчна лъжица или уок скимер извадете пилето от маринатата и отърсете излишното. Внимателно се спускат в горещото олио. Запържете пилето на порции за 3 до 4 минути или докато пилето стане златистокафяво и хрупкаво на повърхността. Прехвърлете в чиния, покрита с хартиена кърпа.

d) Изсипете всичко освен 1 супена лъжица олио от уока и го поставете на средно силен огън. Завъртете маслото, за да покриете основата на уока. Подправете маслото, като добавите джинджифила и щипка сол и червен пипер на люспи. Оставете люспите от джинджифил и черен пипер да цвърчат в маслото за около 30 секунди, като ги разбърквате внимателно.

e) Добавете чесъна и запържете, като разбърквате и обръщате с шпатула уок за 30 секунди. Разбъркайте с пилешкия бульон, останалите 2½ чаени лъжички лека соя и останалата 1 супена лъжица царевично нишесте. Оставете да къкри за 4 до 5 минути, докато сосът се сгъсти и стане лъскав. Добавете сусамовото масло и разбъркайте, за да се комбинират.

f) Изключете котлона и добавете пърженото пиле, разбъркайте, за да се покрие със соса. Извадете джинджифила и го изхвърлете. Прехвърлете в чиния и гарнирайте с нарязания лук и сусам.

18. Китайски пържени пилешки крилца за вкъщи

СЪСТАВ:

- 10 цели пилешки крилца, измити и подсушени
- ⅛ чаена лъжичка черен пипер
- ¼ чаена лъжичка бял пипер
- ¼ чаена лъжичка чесън на прах
- 1 чаена лъжичка сол
- ½ чаена лъжичка захар
- 1 супена лъжица соев сос
- 1 супена лъжица вино Shaoxing
- 1 чаена лъжичка сусамово масло
- 1 яйце
- 1 супена лъжица царевично нишесте
- 2 супени лъжици брашно
- олио, за пържене

ИНСТРУКЦИИ:

a) Комбинирайте всички съставки (с изключение на маслото за пържене, разбира се) в голяма купа за смесване. Разбъркайте всичко, докато крилцата се покрият добре.

b) Оставете крилцата да се мариноват за 2 часа на стайна температура или в хладилника за една нощ за най-добри резултати.

c) След мариноване, ако изглежда, че има течност в крилцата, не забравяйте да ги разбъркате добре отново. Крилата трябва да са добре намазани с тънък блат. Ако все още изглежда твърде воднисто, добавете още малко царевично нишесте и брашно.

d) Напълнете среден съд около ⅔ нагоре с масло и го загрейте до 325 градуса F.

e) Запържете крилцата на малки партиди за 5 минути и извадете в тава, покрита с хартиени кърпи. След като всички крилца са изпържени, връщайте ги на порции в олиото и отново пържете за 3 минути.

f) Отцедете върху хартиени кърпи или решетка за охлаждане и сервирайте с горещ сос!

19. Карааге японско пържено пиле

Сервиране: 6

съставки:

- Соев сос, три супени лъжици
- Пилешки бутчета без кост, един килограм
- Саке, една супена лъжица
- Галска и джинджифилова паста, една чаена лъжичка
- Картофено нишесте Катакурико, четвърт чаша
- Японска майонеза по желание
- Олио за готвене, според изискванията

Упътвания:

a) Нарежете пилешкото месо на хапки.

b) Добавете джинджифила, чесъна, соевия сос и сакето за готвене в купа и разбъркайте, докато се комбинират.

c) Добавете пилето, покрийте добре и оставете да се маринова за двадесет минути.

d) Отцедете излишната течност от пилето и добавете вашето картофено нишесте катакурико. Разбъркайте, докато парчетата се покрият напълно.

e) Загрейте малко олио в тиган до около 180 градуса и проверете температурата, като пуснете малко брашно.

f) Пържете няколко парчета наведнъж за няколко минути, докато добият наситен златисто-кафяв цвят, след което извадете и оставете да се отцедят върху решетка или кухненско руло.

g) Сервирайте горещ или студен с резенчета лимон и малко японска майонеза.

20. Обикновени пържени пилешки гърди

порции: 4 (8,7 унции всяка)

съставки:

- 8 половинки пилешки гърди
- ½ чаена лъжичка черен пипер или на вкус
- 4 супени лъжици настърган пармезан (по желание)
- ½ чаена лъжичка кошер сол или на вкус
- ½ супена лъжица зехтин

Упътвания:

a) За приготвяне на пилето Поставете лист найлоново фолио върху плота и добавете пиле. Покрийте с друг лист найлоново фолио и начукайте с чук за месо, докато пилето се сплеска равномерно.

b) Пилето се овкусява със сол и черен пипер. Оставете да почине 15-20 минути.

c) Поставете чугунен тиган на силен огън - поставете пиле в тигана. Оставете го да се готви необезпокоявано 2-3 минути без капак, докато стане златисто кафяво и мазнината се освободи. Обърнете страните и гответе още 2-3 минути. Свалете съда от котлона.

d) Поръсете пармезан отгоре, ако използвате. Поставете фурната да се пече и я загрейте предварително.

e) Поставете тигана във фурната и печете, докато сиренето се разтопи. Сервирайте горещ.

21. Африкански пържени пилешки ленти

съставки:

- 2 паунда пилешки гърди без кости
- 1-1/2 чаена лъжичка червен пипер
- 1 чаена лъжичка сол
- 1 чаена лъжичка черен пипер
- 1-1/2 чаши брашно
- 1-2 яйца, разбити
- 1/2 чаша мляко
- 2 чаши растително масло

УПЪТВАНИЯ:

1. Поставете пилето в голяма купа. Подправете суровите пилешки ленти с червен пипер, черен пипер и сол.

2. Набрашнете пилето, като го поставите в торбичка (хартиена или найлонова) с половината от брашното и разклатите, за да се покрие.

3. Разбийте яйцата в купа. Извадете пилешките ленти от чантата. Потопете набрашнени пилешки ленти в яйце. Извадете и отново поставете лентите в брашно. Извадете парчетата пиле от плика и отърсете допълнителното брашно.

4. Оставете пилешките лентички да почиват няколко минути, за да полепне покритието.

5. Загрейте олиото в дълбок тиган.

6. Тествайте температурата на маслото, като пуснете капка брашно, което трябва да покафенее, а не да изгори. Добавете пилешкото към олиото.

7. Гответе обилно за около четири минути, като обръщате от време на време, до златисто кафяво от всички страни. Извадете, отцедете върху решетка и сервирайте горещо.

8. Порции 10–12.

22. Южно пържено пиле със сос

съставки:

2 lbs парчета пиле
1 чаша универсално брашно
1 ч. л. сол
1 ч. л. червен пипер
1 ч. л. чесън на прах
1 ч. л. лук на прах
1/2 ч. л. черен пипер
1/4 ч. л. каенски пипер
1 чаша мътеница
Олио за пържене
2 супени лъжици универсално брашно
2 чаши мляко

Инструкции:
В плитка чиния смесете заедно брашното, солта, червения пипер, чесъна на прах, лука на прах, черния пипер и каенския пипер.
В друга плитка чиния изсипете мътеницата.
Потопете всяко пилешко парче в мътеницата, след това го потопете в сместа от брашно, като се уверите, че е равномерно покрито.
Загрейте олио в дълбок тиган на средно висока температура.
Запържете парчетата пиле за 15-20 минути, или докато пилето стане златисто кафяво и се свари.
Извадете пилето от тигана и го оставете настрана.
В същия тиган разбийте заедно 2 супени лъжици брашно и капките от пърженето на пилето.
Постепенно добавете 2 чаши мляко, като бъркате непрекъснато, докато сосът се сгъсти.
Сервирайте пилето със соса.

23. Мътеница Ранч Пържено пиле

съставки:

2 lbs парчета пиле
1 чаша универсално брашно
1 ч. л. сол
1 ч. л. черен пипер
1 ч. л. чесън на прах
1 ч. л. лук на прах
1/2 ч. л. червен пипер
1/2 ч. л. сух копър
1/2 ч.л сух магданоз
1/2 чаша мътеница
1/4 чаша ранчов дресинг
Олио за пържене

Инструкции:
В плитък съд смесете заедно брашното, солта, черния пипер, чесъна на прах, лука на прах, червения пипер, сушения копър и сушения магданоз.
В друга плитка чиния разбийте заедно мътеницата и дресинга.
Потопете всяко парче пиле в сместа от мътеница, след това го потопете в сместа от брашно, като се уверите, че е равномерно покрито.
Загрейте олио в дълбок тиган на средно висока температура.
5. Запържете парчетата пиле за 15-20 минути, или докато пилето стане златисто кафяво и се свари.

ПЪРЕНО ПИЛЕ НА ФУРНА

24. Класическо пържено пиле на фурна

съставки:

2 lbs парчета пиле
1 чаша универсално брашно
1 ч. л. сол
1 ч. л. червен пипер
1 ч. л. чесън на прах
1 ч. л. лук на прах
1/2 ч. л. черен пипер
1/4 ч. л. кайенски пипер
1/2 чаша мляко
1 яйце
1/4 чаша масло, разтопено

Инструкции:
Загрейте фурната до 400°F.
В плитка чиния смесете заедно брашното, солта, червения пипер, чесъна на прах, лука на прах, черния пипер и кайенския пипер.
В друг плитък съд разбийте заедно млякото и яйцето.
Потопете всяко парче пиле в млечната смес, след това го потопете в сместа от брашно, като се уверите, че е равномерно покрито.
Поставете пилето в тава за печене и го поръсете с разтопено масло.
Печете 45-50 минути, или докато пилето стане хрупкаво и се свари.

25. Бразилски пилешки крокети

съставки

- 3 пилешки гърди, обелени и обезкостени
- ½ среден лук, нарязан
- 2 скилидки чесън, нарязани на ситно
- 2 кубчета пилешки бульон
- 6 супени лъжици масло
- 1 ½ чаени лъжички сол
- ½ чаена лъжичка лимонов пипер
- 4 чаши вода
- 1 малка глава зелен лук, наситнена
- ¼ чаша нарязан пресен магданоз
- 3 чаши универсално брашно
- 1 опаковка крема сирене от 8 унции
- 2 белтъка
- галета

Упътвания

1. В голяма купа, подходяща за микровълнова фурна, сварете пилешките гърди, лука, чесъна, пилешкия бульон, маслото, солта, черния пипер и водата в микровълнова фурна на висока степен. Пилето трябва да се свари за 10 минути.
2. Извадете пилешките гърди и ги нарежете на ситно. За цвят добавете магданоза и зеления лук.
3. В средна тенджера сварете 3 чаши от останалия бульон за 10 минути. Добавете брашното и бъркайте енергично за около 1 минута, докато стане влажно тесто. Извадете тестото от тавата и го охладете до топла температура. Месете го, докато стане гладко и всички брашнени бучки изчезнат, около 10 минути.
4. Загрейте фритюрника до 350°F.
5. Изравнете тестото до дебелина ¼" с точилка и изрежете кръгове с размер 2 ½"–3 ½" с форма за бисквити или чаша за пиене. Поставете тестото в дланта си, добавете 1 чаена лъжичка крема сирене и 1 чаена лъжичка пилешки пълнеж.

6. Променете количеството на продуктите според размера на тестения кръг, който изрязвате, за да можете да затворите тестото с плънката да остане вътре. Омесете всички неизползвани остатъци от тестото и ги разточете отново, като изрежете още кръгове, докато се използва цялото тесто.
7. Прегънете и затворете тестото във формата на бутче.
8. Намажете тестото с пълнеж обилно с белтъци и ги оваляйте върху галета, докато се покрият.
9. Запържете дълбоко за около 8 минути или до златисто кафяво. Извадете от горещото олио с решетъчна лъжица или шпатула. Отцедете върху хартиени кърпи и сервирайте горещо.
10. Порции 6–8

26.   Пикантно пържено пиле на фурна

съставки:

8 пилешки бутчета с кост и кожа
1 чаша универсално брашно
1 ч. л. чесън на прах
1 ч. л. лук на прах
1 ч. л. червен пипер
1 ч. л. сол
1/2 ч. л. черен пипер
1/2 ч. л. кайенски пипер
2 яйца, разбити
1 чаша панко галета
Спрей за готвене

Инструкции:
Загрейте фурната до 400°F.
В плитък съд смесете заедно брашното, чесъна на прах, лука на прах, червения пипер, солта, черния пипер и лютия червен пипер.
Потопете всяко пилешко бутче в брашнената смес, като изтръскате излишното.
Потопете пилешкото бутче в разбитите яйца, след това го намажете с панко галета, като натиснете галетата върху пилето, за да се уверите, че са полепнали.
Поставете пилешките бутчета върху лист за печене, постлан с хартия за печене и напръскан със спрей за готвене.
Печете 45-50 минути, или докато пилето стане хрупкаво и се свари.

27.   Пържено пиле на фурна Ranch Buttermilk

съставки:

8 пилешки бутчета с кост и кожа
1 чаша универсално брашно
1 ч. л. чесън на прах
1 ч. л. лук на прах
1 ч. л. червен пипер
1 ч. л. сол
1/2 ч. л. черен пипер
1 чаша мътеница
1/4 чаша ранчов дресинг
1 чаша панко галета
Спрей за готвене

Инструкции:
Загрейте фурната до 400°F.
В плитък съд смесете заедно брашното, чесъна на прах, лука на прах, червения пипер, солта и черния пипер.
В друга плитка чиния разбийте заедно мътеницата и дресинга.
Потопете всяко пилешко бутче в сместа от мътеница, след това го потопете в сместа от брашно, като се уверите, че е равномерно покрито.
Потопете пилешкото бутче обратно в сместа от мътеница, след това покрийте с панко галета, като натиснете галетата върху пилето, за да сте сигурни, че са полепнали.
Поставете пилешките бутчета върху лист за печене, постлан с хартия за печене и напръскан със спрей за готвене.
Печете 45-50 минути, или докато пилето стане хрупкаво и се свари.

28. Пържено пиле на фурна с лимонови билки

съставки:

8 пилешки бутчета с кост и кожа
1 чаша универсално брашно
1 ч. л. чесън на прах
1 ч. л. лук на прах
1 ч. л. сух босилек
1 ч. л. сушена мащерка
1 ч. л. сол
1/2 ч. л. черен пипер
2 яйца, разбити
1 чаша панко галета
1 лимон, обелен с кората
Спрей за готвене

Инструкции:
Загрейте фурната до 400°F.
В плитка чиния смесете заедно брашното, чесъна на прах, лука на прах, сушения босилек, сушената мащерка, солта и черния пипер.
Потопете всяко пилешко бутче в брашнената смес, като изтръскате излишното.
Потопете пилешкото бутче в разбитите яйца, след това го намажете с панко галета, смесена с лимонова кора, като натиснете галетата върху пилето, за да се уверите, че е полепнала.
Поставете пилешките бутчета върху лист за печене, постлан с хартия за печене и напръскан със спрей за готвене.
Печете 45-50 минути, или докато пилето стане хрупкаво и се свари.

29. Пържено пиле с пекан на фурна

Сервиране: 7

съставки
- 1 чаша мътеница смес за печене
- 1/3 чаша нарязани пекани
- 2 супени лъжици червен пипер
- 1/2 чаена лъжичка сол
- 1/2 чаена лъжичка подправка за птици
- 1/2 чаена лъжичка сушен градински чай
- 1 (2 до 3 паунда) цяло пиле, нарязано на парчета
- 1/2 чаша кондензирано мляко
- 1/3 чаена лъжичка масло, разтопено

Посока
a) Загрейте фурната до 175 ° C/350 ° F. Намаслете 13x9-in. форма за печене леко.
b) Смесете градински чай, подправка за домашни птици, сол, червен пипер, пекани и бисквитена смес в плитък съд.
c) Потопете парчета пиле в изпарено мляко. Щедро покрийте със смес от пекан. Поставете парчетата в подготвена тава за печене. Намажете с разтопено масло/маргарин.
d) Печете 1 час при 175 °C/350 °F, докато соковете се избистрят.

ПЪРЕНО ПИЛЕ НА ВЪЗДУХ

30. Air Fryer Almond Chicken

Прави 2 порции

съставки:

- 1 голямо яйце
- 1/4 чаша мътеница
- 1 чаена лъжичка чеснова сол
- 1/2 чаена лъжичка черен пипер
- 1 чаша нарязани бадеми, нарязани на ситно
- 2 половинки пилешки гърди без кост и кожа (6 унции всяка)
- По желание: дресинг за салата Ranch, сос за барбекю или медена горчица

Упътвания:

a) Загрейте предварително въздушния фритюрник до 350°. В плитка купа разбийте яйце, мътеница, чесън, сол и черен пипер. Поставете бадемите в друга плитка купа. Потопете пилето в яйчената смес, след това в бадемите, като потупвате, за да помогнете на покритието да залепне.

b) Поставете пилето на един слой върху намазнена тава в кошницата на въздушен фритюрник; напръскайте със спрей за готвене.

c) Гответе, докато термометърът, поставен в пилето, покаже поне 165°, 1518 минути. По желание сервирайте с ранчо дресинг, барбекю сос или горчица.

31. Air fryer Пълнено пиле Капрезе

Добив: 23 порции

съставки:

- 2 големи пилешки гърди без кост и кожа
- 1 ромски домат, нарязан
- 1/4-килограмова прясна моцарела, нарязана
- 6 листа пресен босилек
- 1 супена лъжица италианска подправка
- 1 чаена лъжичка сол
- 1/2 чаена лъжичка черен пипер
- 1 чаена лъжичка екстра върджин зехтин
- 1 чаена лъжичка балсамов оцет (по желание)
- Щипка сол и черен пипер

Упътвания:

a) Пригответе пълненото пиле с капрезе. Нарежете широк джоб в дебелата страна на всяка пилешка гърда, като разрежете почти до другата страна, но не докрай. Отворете пилето с пеперуда. Полейте пилето равномерно с олио и го овкусете със сол и черен пипер.

b) Върху дясната половина на всяка пилешка гърда наредете резените моцарела, резените домат и пресния босилек.

c) Внимателно прегънете лявата страна на пилето с пеперуда върху дясната и го запечатайте с 24 клечки за зъби.

d) Подправете горната част на всяка гърда с италианска подправка и щипка сол и черен пипер.

e) Напръскайте спрей за готвене върху всяка подправена пилешка гърда

f) Загрейте предварително въздушния фритюрник до 350 градуса F.

g) Постелете кошницата с подложка за фритюрник или фолио. Добавете готовите пълнени пилешки гърди.

h) Гответе 350 градуса 2530 минути или докато вътрешната температура на пилето достигне 165 градуса F.

i) Полейте с балсамов оцет преди сервиране (ако използвате).

32. Air Fryer Chicken Chimichangas

съставки

- 2 паунда пилешки бутчета без кости и кожа, сварени и настъргани
- 1 супена лъжица тако подправка
- 1 (8 унции) опаковка крема сирене, омекотено
- 2 чаши настъргано мексиканско сирене
- 6 тортили
- 1 супена лъжица зехтин или спрей със зехтин

Упътвания:

a) Загрейте предварително въздушния фритюрник до 360 градуса.

b) Накъсайте пилешките бутчета.

c) Смесете пилето, крема сиренето, натрошеното сирене и подправките (ако е необходимо).

d) Загребвайте приблизително ½ чаша пилешка смес в центъра на всяка брашнена тортила. Натискам.

e) Сгънете тортилата върху пълнежа, като първо сгънете страните навътре и след това навийте чимичангата като бурито.

f) Намажете всяка чимичанга със зехтин от всички страни или напръскайте равномерно със зехтин. Поставете в кошницата на въздушния фритюрник с шева надолу.

g) Гответе във фритюрника за около 4 минути, преди да обърнете и гответе още 4 до 8 минути.

h) Сервирайте с авокадо, допълнително сирене, заквасена сметана, салса или любимите си гарнитури.

33. Хрупкави пилешки котлети

Порции: 4

съставки:
¾ чаша брашно
2 големи яйца
1½ чаши галета
¼ чаша пармезан, настърган
1 супена лъжица горчица на прах
Сол и смлян черен пипер по желание
4 пилешки котлета без кожа и кости с дебелина ¼ инча

Упътвания:
В плитка купа добавете брашното.
Във втора купа счупете яйцата и ги разбийте добре.
В трета купа смесете галетата, сиренето, горчицата на прах, солта и черния пипер.
Пилето се овкусява със сол и черен пипер.
Намажете пилето с брашно, след което потопете в разбитите яйца и накрая намажете с галетата.
Натиснете бутона AIR OVEN MODE на фурната Ninja Foodi Digital Air Fryer и завъртете диска, за да изберете режим „Air Fry".
Натиснете бутона TIME/SLICES и отново завъртете диска, за да зададете времето за готвене на 30 минути.
Сега натиснете бутона TEMP/SHADE и завъртете диска, за да настроите температурата на 355 °F.
Натиснете бутона "Старт/Стоп", за да започнете.
Когато уредът издаде звуков сигнал, за да покаже, че е предварително загрят, отворете вратата на фурната и намаслете кошницата за въздушно пържене.
Поставете пилешките котлети в подготвената кошница за пържене на въздух и ги поставете във фурната.
Когато времето за готвене изтече, отворете вратата на фурната и сервирайте горещо.

34. Хрупкави пилешки бутчета

Порции: 3

Време за готвене: 20 минути

съставки:

3 пилешки бутчета

1 чаша мътеница

2 чаши бяло брашно

1 чаена лъжичка чесън на прах

1 чаена лъжичка лук на прах

1 чаена лъжичка смлян кимион

1 чаена лъжичка червен пипер

Сол и смлян черен пипер по желание

1 супена лъжица зехтин

Упътвания:

В купа сложете пилешките бутчета и мътеницата и охладете за около 2 часа.

В плитка чиния смесете брашното и подправките.

Извадете пилето от мътеницата.

Намажете пилешките бутчета с брашнена смес, след това потопете в мътеница и накрая отново намажете с брашнената смес.

Натиснете бутона AIR OVEN MODE на фурната Ninja Foodi Digital Air Fryer и завъртете диска, за да изберете режим „Air Fry". Натиснете бутона TIME/SLICES и отново завъртете диска, за да зададете времето за готвене на 20 минути.

Сега натиснете бутона TEMP/SHADE и завъртете диска, за да настроите температурата на 355 °F.

Натиснете бутона "Старт/Стоп", за да започнете.

Когато уредът издаде звуков сигнал, за да покаже, че е предварително загрят, отворете вратата на фурната и намаслете кошницата за въздушно пържене.

Подредете пилешките бутчета в подготвената кошница за въздушно пържене и ги поръсете с олиото.

Поставете кошницата във фурната.

Когато времето за готвене изтече, отворете вратата на фурната и сервирайте горещо.

35. Вкусни пилешки бутчета

Порции: 4
Време за готвене: 20 минути
съставки:
4 пилешки бутчета
3/4 чаша сос терияки
4 супени лъжици зелен лук, нарязан
1 супена лъжица сусам, препечен

Упътвания:
Изберете режим на пържене на въздух, задайте температурата на 360 °F и настройте таймера на 20 минути. Натиснете копчето за настройка, за да загреете предварително.

Добавете пилешките бутчета и соса терияки в торбичката с цип. Запечатайте плика и го поставете в хладилника за 1 час.

Подредете маринованите пилешки бутчета в кошницата на фритюрника.

След като модулът е предварително загрят, отворете вратата и поставете кошницата с въздушен фритюрник на най-горното ниво на фурната и затворете вратата.

Гарнирайте със зелен лук и поръсете със сусам.

Сервирайте и се насладете.

36. Кленови пилешки бутчета

Порции: 4

Време за готвене: 25 минути

съставки:

½ чаша кленов сироп

1 чаша мътеница

1 яйце

1 чаена лъжичка чесън на прах

4 пилешки бутчета с кожа и кости

Сухо триене:

½ чаша универсално брашно

½ чаени лъжички мед на прах

1 супена лъжица сол

1 чаена лъжичка сладък червен пипер

¼ чаена лъжичка пушен червен пипер

1 чаена лъжичка лук на прах

¼ чаена лъжичка смлян черен пипер

¼ чаша брашно от тапиока

½ чаени лъжички лют червен пипер

½ чаени лъжички чесън на прах

Упътвания:

Разбийте мътеницата, яйцето, кленовия сироп и една чаена лъжичка чесън в торбичка с цип.

Добавете пилешките бедра към мътеницата и запечатайте тази торба. Разклатете го, за да се покрие добре пилето, след което оставете в хладилника за 1 час.

Междувременно разбийте брашното със сол, тапиока, черен пипер, пушен червен пипер, сладък червен пипер, мед на прах, гранулиран чесън, лют червен пипер и гранулиран лук в купа.

Извадете маринованото пиле от плика и го намажете с брашнената смес.

Отърсете излишното и поставете пилето във фурната.

Поставете този лист вътре във фурната Ninja Foodi Digital Air Fryer и затворете вратата.

Изберете режима "AIR FRY" с помощта на функционалните бутони.

Задайте времето за готвене на 12 минути и температурата на 380 °F, след което натиснете "СТАРТ/ПАУЗА", за да започнете предварителното загряване.

Обърнете пилешките бутчета и продължете да печете още 13 минути при същата температура.

Сервирайте топли.

37. Пилешко печене с пармезан

Порции: 3

Време за готвене: 50 минути

съставки:

3 половинки пилешки гърди без кожа и кости

1 чаша готов сос маринара

¼ чаша настъргано сирене пармезан, разделено

½ пакет чеснови крутони

½ пакет настъргано сирене моцарела, разделено

2 супени лъжици нарязан пресен босилек

1 супена лъжица зехтин

1 скилидка чесън, смачкана и нарязана на ситно

Червен пипер на люспи, на вкус

Упътвания:

Включете вашата фурна Ninja Foodi Digital Air Fryer и завъртете копчето, за да изберете „Печене".

Загрейте предварително, като изберете таймера за 3 минути и температура за 350 °F.

Намажете SearPlate и поръсете чесън и люспи от червен пипер.

Подредете пилешките гърди върху SearPlate и залейте пилето със сос маринара.

Също така отгоре поръсете половината от сиренето моцарела и пармезана и след това поръсете крутоните.

Накрая добавете останалото сирене моцарела отгоре, последвано от половината сирене пармезан.

Изберете таймера за около 50 минути и температура за 160 °F.

Печете, докато сиренето и крутоните станат златистокафяви и пилето вече не е розово отвътре.

Сервирайте и се насладете!

38. Печени пилешки крилца

Порции: 4

Време за готвене: 30 минути

съставки:

2 lbs пресни пилешки крилца

1 супена лъжица сос Worcestershire

4 супени лъжици масло

4 супени лъжици сос от лют червен пипер

2 супени лъжици пресен лук, нарязан

1 супена лъжица кафява захар

1 ч. л. морска сол

Упътвания:

Поставете багажника в долна позиция и затворете вратата. Изберете режим на печене, задайте температурата на 350 °F и настройте таймера на 30 минути. Натиснете копчето за настройка, за да загреете предварително.

Подредете пилешките крилца в тава.

След като уредът е предварително загрят, отворете вратата и поставете тавата в центъра на решетката и затворете вратата.

В голяма купа смесете заедно кафява захар, сос от лют червен пипер, сос Уорчестършир, масло и сол.

Извадете крилцата от фурната и ги поставете в купа и разбъркайте, докато крилцата се покрият добре.

Гарнирайте с пресен лук и сервирайте.

39. Азиатски пилешки бутчета

Порции: 4

Време за готвене: 20 минути

съставки:

8 пилешки бутчета

1 ч. л. черен пипер

1 ч. л. сусамово масло

2 супени лъжици оризово вино

3 супени лъжици рибен сос

2 с. л. чесън, смлян

1 сок от лайм

1/4 чаша кафява захар

1/2 ч.л. сос Sriracha

Сол

Упътвания:

Изберете режим на пържене на въздух, задайте температурата на 360 °F и настройте таймера на 20 минути. Натиснете копчето за настройка, за да загреете предварително.

Добавете пилешките бутчета и останалите съставки в купата за смесване и разбъркайте добре.

Покрийте и поставете в хладилника за 2 часа.

Подредете маринованите пилешки бутчета в кошницата на фритюрника.

След като модулът е предварително загрят, отворете вратата и поставете кошницата с въздушен фритюрник на най-горното ниво на фурната и затворете вратата.

Сервирайте и се насладете.

40. Печене на пилешко месо с гъби

Порции: 4
Време за готвене: 30 минути
съставки:
2 lbs пилешки гърди, наполовина
1/3 чаша сушени домати
8 унции гъби, нарязани
1/2 чаша майонеза
1 ч. л. сол

Упътвания:
Поставете багажника в долна позиция и затворете вратата. Изберете режим на печене, задайте температурата на 390 °F и настройте таймера на 30 минути. Натиснете копчето за настройка, за да загреете предварително.
Поставете пилето в съда за печене и отгоре поръсете с гъби, сушени домати, майонеза и сол. Смесете добре.
След като уредът е предварително загрят, отворете вратата и поставете съда за печене в центъра на решетката и затворете вратата.
Сервирайте и се насладете.

41. Пилешки бутчета с медена глазура

Порции: 2
Време за готвене: 22 минути
съставки:
½ супена лъжица прясна мащерка, смляна
2 супени лъжици дижонска горчица
½ супена лъжица мед
1 супена лъжица зехтин
1 чаена лъжичка пресен розмарин, смлян
2 пилешки бутчета без кост
Сол и черен пипер, на вкус

Упътвания:
Вземете купа и смесете заедно горчица, мед, билки, сол, олио и черен пипер.
Добавете пилешките бутчета в купата и ги намажете добре със сместа.
Покрийте и охладете за една нощ.
Включете вашата фурна Ninja Foodi Digital Air Fryer и завъртете копчето, за да изберете „Air Fry".
Изберете таймера за около 12 минути и температура за 320 °F.
Намажете кошницата за пържене на въздух и поставете бутчетата в подготвената кошница.
Пържете на въздух за около 12 минути и след това още около 10 минути при 355 °F.
Извадете от фурната и сервирайте в чиния.
Сервирайте горещо и се насладете!

42. Пилешки бутчета с розмарин

Порции: 2
Време за готвене: 20 минути
съставки:
2 пилешки бутчета без кожа и кости
1 чаена лъжичка пресен розмарин, смлян
Сол и смлян черен пипер, на вкус
2 супени лъжици масло, разтопено

Упътвания:
Пилешките бутчета се натриват равномерно със сол и черен пипер и след това се намазват с разтопено масло. Поставете пилешките бутчета в намаслена тава.
Изберете режим „ПЕЧЕНЕ" и времето за готвене до 20 минути на вашата фурна Ninja Foodi Digital Air Fryer.
Задайте температурата на 450 °F.
Натиснете бутона "СТАРТ/ПАУЗА", за да започнете.
Поставете тавата във фурната, когато уредът издаде звуков сигнал, за да покаже, че времето за готвене е приключило; натиснете бутона "Захранване", за да спрете готвенето и да отворите вратата.
Сервирайте горещ.

43. Сладки и пикантни пилешки бутчета

Порции: 2
Време за готвене: 20 минути
съставки:
2 пилешки бутчета
½ скилидка чесън, счукана
1 чаена лъжичка джинджифил, натрошен
1 чаена лъжичка кафява захар
½ супена лъжица горчица
½ чаена лъжичка червен чили на прах
½ чаена лъжичка лют червен пипер
½ супена лъжица растително масло
Сол и черен пипер, на вкус

Упътвания:
Вземете купа и смесете горчицата, джинджифила, кафявата захар, олиото и подправките.
Добавете пилешки бутчета в купата за добре покритие.
Охладете за поне 20 до 30 минути.
Включете вашата фурна Ninja Foodi Digital Air Fryer и завъртете копчето, за да изберете „Air Fry".
Изберете таймера за около 10 минути и температура за 390 °F.
Намажете кошницата за пържене на въздух и поставете бутчетата в подготвената кошница.
Пържете на въздух за около 10 минути и след това още 10 минути при 300 °F.
Извадете от фурната и сервирайте в чиния.
Сервирайте горещо и се насладете!

44. Пилешка запеканка

Порции: 5
Време за готвене: 25 минути
съставки:
1 1/4 lbs пиле, сварено и настъргано
1/2 чаша вода
1/2 чаша тежка сметана
8 унции крема сирене
5 унции зелен фасул, нарязан
1/4 чаша сирене моцарела, настъргано
1/4 чаша пармезан, настърган
1/2 ч. л. чесън на прах
Сол

Упътвания:
В средно голяма тенджера загрейте тежка сметана, сирене пармезан, чесън на прах, крема сирене, вода и сол на слаб огън, докато сместа стане гладка.
Добавете зеления фасул в намазнената форма за печене.
Разстелете пилето върху зеления фасул.
Изсипете сметановата смес върху пилето и отгоре наредете с моцарела.
Изберете режим на печене, след което задайте температура на 350 °F и време за 25 минути. Натисни старт.
След като фурната Ninja Foodi Digital Air Fryer Oven е предварително загрята, поставете съда за печене във фурната.
Сервирайте и се насладете.

45. Балсамово пиле

Порции: 4
Време за готвене: 25 минути
съставки:
4 пилешки гърди без кожа и кости
1/2 чаша балсамов оцет
2 супени лъжици соев сос
1/4 чаша зехтин
2 ч.л. сушен риган
2 скилидки чесън, смлени
Пипер
Сол

Упътвания:
Поставете багажника в долна позиция и затворете вратата. Изберете режим на печене, задайте температурата на 390 °F и настройте таймера на 25 минути. Натиснете копчето за настройка, за да загреете предварително.
В купа смесете заедно соевия сос, олиото, черния пипер, ригана, чесъна и оцета.
Поставете пилето в тава за печене и изсипете сместа от соев сос върху пилето.
След като уредът е предварително загрят, отворете вратата и поставете съда за печене в центъра на решетката и затворете вратата.
Сервирайте и се насладете.

46. Пиле със зеленчуци

Порции: 4

Време за готвене: 50 минути

съставки:

8 пилешки бутчета без кожа и кости

1 1/2 lbs картофи, нарязани на хапки

4 супени лъжици зехтин

1 ч. л. сух риган

1/4 чаша каперси, отцедени

10 унции печени червени чушки, нарязани

2 чаши чери домати

4 скилидки чесън, счукани

Пипер

Сол

Упътвания:

Поставете багажника в долна позиция и затворете вратата. Изберете режим на печене, задайте температурата на 390 °F и настройте таймера на 50 минути. Натиснете копчето за настройка, за да загреете предварително.

Подправете пилето с черен пипер и сол.

Загрейте 2 супени лъжици масло в тиган на средно силен огън.

Добавете пилето и запържете до кафяво от двете страни.

Поставете пилето в съда за печене.

Разбъркайте картофи, риган, чесън, каперси, червени чушки и домати. Полейте с олио.

След като уредът е предварително загрят, отворете вратата и поставете съда за печене върху решетката и затворете вратата.

Сервирайте и се насладете.

47. Пикантни кюфтета

Порции: 8

Време за готвене: 20 минути

съставки:

2 lbs смляно пиле

2 люти чушки халапеньо, нарязани

2 ч. л. джинджифил, настърган

1 ч. л. чесън, счукан

3 с. л. галета

1/4 чаша пресен кориандър, нарязан

1/4 чаша лук, нарязани

1 супена лъжица смлян кориандър

1 супена лъжица рибен сос

Пипер

Сол

Упътвания:

Добавете всички съставки в купата и разбъркайте, докато се смесят добре.

Оформете топчета от сместа и ги наредете върху тава.

Изберете режим на печене, след което задайте температурата на 390 °F и време за 20 минути. Натисни старт.

След като фурната с цифров въздушен фритюрник Ninja Foodi е предварително загрята, поставете тавичката във фурната.

Сервирайте и се насладете.

48. Вкусни пилешки бутчета

Порции: 2
Време за готвене: 15 минути
съставки:
2 пилешки бутчета
2 супени лъжици мед
1 супена лъжица зехтин
1/4 ч. л. люспи чили, натрошени

Упътвания:
Добавете всички съставки в торбичката с цип. Запечатайте торбата и я разклатете добре и я поставете в хладилника за 30 минути.
Подредете пилето в кошница с въздушен фритюрник.
Изберете пържене на въздух, след което задайте температурата на 400 °F и време за 15 минути. Натисни старт.
След като фурната Ninja Foodi Digital Air Fryer е предварително загрята, поставете кошницата в горните релси на фурната.
Сервирайте и се насладете.

49. Гръцки пилешки гювеч

Порции: 6
Време за готвене: 25 минути
съставки:
2 чаши пиле на скара, настъргано
8 царевични тортили
1 1/2 чаши салса
1 чаша заквасена сметана
2 чаши сирене Monterey Jack, настъргано
2 чаши домати, нарязани

Упътвания:
В купа смесете пилето, 1 чаша сирене, доматите, салсата и заквасената сметана.
Прехвърлете пилешката смес в намаслена тава за печене.
Отгоре намажете тортилите и останалото сирене.
Изберете режим на печене, след което задайте температурата на 400 °F и време за 25 минути. Натисни старт.
След като фурната Ninja Foodi Digital Air Fryer Oven е предварително загрята, поставете съда за печене във фурната.
Сервирайте и се насладете.

50. Испанско пилешко печене

Порции: 4

Време за готвене: 25 минути.

съставки:

½ глава лук, нарязан на четвъртинки

½ глава червен лук, нарязан на четвъртинки

½ килограм картофи, нарязани на четвъртинки

4 скилидки чесън

4 домата, нарязани на четвъртинки

⅛ чаша чоризо

¼ чаена лъжичка червен пипер на прах

4 пилешки бутчета без кости

¼ чаена лъжичка сух риган

½ зелена чушка, жулиен

Сол на вкус

Черен пипер, на вкус

Упътвания:

Хвърлете пилето, зеленчуците и всички съставки в SearPlate.

Прехвърлете SearPlate в цифрова фурна с въздушен фритюрник Ninja Foodi и затворете вратата.

Изберете режим "Печене", като завъртите диска.

Натиснете бутона TIME/SLICES и променете стойността на 25 минути.

Натиснете бутона TEMP/SHADE и променете стойността на 425 °F.

Натиснете Старт/Стоп, за да започнете готвенето.

Сервирайте топли.

51. Пиле Алфредо Бейк

Порции: 2

Време за готвене: 25 минути

съставки:

¼ чаша тежка сметана

½ чаша мляко

1 супена лъжица брашно, разделено

½ скилидка чесън, смлян

1 чаша паста пене

½ супена лъжица масло

½ чаша нарязано на кубчета пиле

½ чаша сирене Пармиджано-Реджано, прясно настъргано

½ щипка смляно индийско орехче

Упътвания:

Вземете голяма тенджера с леко подсолена вода и я оставете да заври.

Добавете пене и гответе за около 11 минути.

Включете вашата фурна Ninja Foodi Digital Air Fryer и завъртете копчето, за да изберете „Печене".

Задайте време на 10 до 12 минути и температура на 375 °F. Натиснете Старт/Стоп, за да започнете предварителното загряване.

Междувременно вземете тиган и разтопете маслото на среден огън и гответе чесъна за около минута.

Добавете брашното и бъркайте непрекъснато, докато получите паста.

Налейте млякото и сметаната, като бъркате непрекъснато.

Разбъркайте сиренето и индийското орехче.

Сега добавете отцедена паста пене и сварено пиле.

Изсипете сместа в подходящ за фурна съд.

Отгоре поръсете сирене.

Когато уредът издаде звуков сигнал, за да покаже, че е предварително загрят, добавете ястието върху решетка във фурната Ninja Foodi Digital Air Fryer.

Печете в предварително загрятата фурна Ninja Foodi Digital Air Fryer за около 10 до 12 минути при 375 °F.

Сервирайте и се насладете!

52. Пиле Примавера

Порции: 4

Време за готвене: 25 минути.

съставки:

4 пилешки гърди без кости

1 тиквичка, нарязана

3 средни домата, нарязани

2 жълти чушки, нарязани

½ глава червен лук, нарязан

2 супени лъжици зехтин

1 чаена лъжичка италианска подправка

Кошерна сол, на вкус

Прясно смлян черен пипер, на вкус

1 чаша настъргана моцарела

Прясно накълцан магданоз за гарнитура

Упътвания:

Издълбайте един страничен прорез в пилешките гърди и ги напълнете с всички зеленчуци.

Поставете тези пълнени пилешки гърди в SearPlate, след това поръсете олио, италианска подправка, черен пипер, сол и моцарела върху пилето.

Прехвърлете SearPlate в цифрова фурна с въздушен фритюрник Ninja Foodi и затворете вратата.

Изберете режим "Печене", като завъртите диска.

Натиснете бутона TIME/SLICES и променете стойността на 25 минути.

Натиснете бутона TEMP/SHADE и променете стойността на 370 °F.

Натиснете Старт/Стоп, за да започнете готвенето.

Гарнирайте с магданоз и сервирайте топло.

53. Пилешки котлети със сирене

Порции: 2
Време за готвене: 30 минути
Съставки:
1 голямо яйце
6 супени лъжици брашно
¾ чаша панко галета
2 супени лъжици пармезан, настърган
2 пилешки котлета без кожа и кости
½ супена лъжица горчица на прах
Сол и черен пипер, на вкус

Упътвания:
Вземете плитка купа, добавете брашното.
Във втора купа счупете яйцето и го разбийте добре.
Вземете трета купа и смесете заедно галета, сирене, горчица на прах, сол и черен пипер.
Пилето се овкусява със сол и черен пипер.
Намажете пилето с брашно, след това потопете в разбито яйце и накрая намажете с галетата.
Включете вашата фурна Ninja Foodi Digital Air Fryer и завъртете копчето, за да изберете „Air Fry".
Изберете таймера за около 30 минути и температура за 355 °F.
Намажете кошницата за пържене на въздух и поставете пилешките котлети в подготвената кошница.
Извадете от фурната и сервирайте в чиния.
Сервирайте горещо и се насладете!

54. Chipotle пиле

Порции: 2
Време за готвене: 18 минути
съставки:
2 пилешки гърди без кости
2 супени лъжици зехтин
2 ч. л. чипотле люта чушка на прах
1 супена лъжица кафява захар
3 с.л. може сос адобо
1/2 ч. л. сушен риган
1 ч. л. лук на прах
1 ч. л. чесън на прах
Сол

Упътвания:
Изберете режим на пържене на въздух, задайте температурата на 360 °F и настройте таймера на 18 минути. Натиснете копчето за настройка, за да загреете предварително.
Добавете пилето и останалите съставки в торбичката с цип.
Затворете плика и го поставете в хладилника за 4 часа.
Подредете мариновано пиле в кошницата на фритюрника.
След като модулът е предварително загрят, отворете вратата и поставете кошницата с въздушен фритюрник на най-горното ниво на фурната и затворете вратата.
Сервирайте и се насладете.

55. Пълнени пилешки гърди Бри

Порции: 4

Време за готвене: 15 минути

съставки:

2 пилешки филета без кожа и кости

Сол и смлян черен пипер по желание

4 филийки сирене бри

1 супена лъжица пресен див лук, смлян

4 резена бекон

Упътвания:

Нарежете всяко пилешко филе на 2 еднакви по големина парчета.

Внимателно направете прорез във всяко парче пиле хоризонтално на около ¼ инча от ръба.

Отворете всяко парче пиле и овкусете със сол и черен пипер.

Поставете 1 парче сирене в отворената част на всяко парче пиле и поръсете с див лук.

Затворете парчетата пиле и завийте всяко с резен бекон.

Закрепете с клечки за зъби.

Натиснете бутона AIR OVEN MODE на фурната Ninja Foodi Digital Air Fryer и завъртете диска, за да изберете режим „Air Fry".

Натиснете бутона TIME/SLICES и отново завъртете диска, за да зададете времето за готвене на 15 минути.

Сега натиснете бутона TEMP/SHADE и завъртете диска, за да настроите температурата на 355 °F.

Натиснете бутона "Старт/Стоп", за да започнете.

Когато уредът издаде звуков сигнал, за да покаже, че е предварително загрят, отворете вратата на фурната и намаслете кошницата за въздушно пържене.

Поставете парчетата пиле в подготвената кошница за пържене на въздух и ги поставете във фурната.

Когато времето за готвене изтече, отворете вратата на фурната и поставете навитите пилешки гърди върху дъска за рязане.

Нарежете на филийки с желания размер и сервирайте.

56. Хрупкави пилешки бутчета

Порции: 4
Време за готвене: 25 минути
съставки:
½ чаша универсално брашно
1½ супени лъжици подправка Cajun
1 чаена лъжичка подправка сол
1 яйце
4 пилешки бутчета с кожа

Упътвания:
В плитка купа смесете заедно брашното, подправката Cajun и солта.
В друга купа счупете яйцето и го разбийте добре.
Намажете всяко пилешко бутче с брашнената смес, след това потопете в разбито яйце и накрая отново намажете с брашнената смес.
Отърсете старателно излишното брашно.
Натиснете бутона AIR OVEN MODE на фурната Ninja Foodi Digital Air Fryer и завъртете диска, за да изберете режим „Air Fry".
Натиснете бутона TIME/SLICES и отново завъртете диска, за да зададете времето за готвене на 25 минути.
Сега натиснете бутона TEMP/SHADE и завъртете диска, за да настроите температурата на 390 °F.
Натиснете бутона "Старт/Стоп", за да започнете.
Когато уредът издаде звуков сигнал, за да покаже, че е предварително загрят, отворете вратата на фурната и намаслете кошницата за въздушно пържене.
Поставете пилешките бедра в подготвената кошница за пържене на въздух и ги поставете във фурната.
Когато времето за готвене изтече, отворете вратата на фурната и сервирайте горещо.

57. Панирани пилешки филета

Порции: 2
Време за готвене: 15 минути
съставки:
4 пилешки филета без кожа и кости
½ яйце, разбито
1 супена лъжица растително масло
¼ чаша галета

Упътвания:
Вземете плитък съд и добавете разбитото яйце.
Вземете друг съд и смесете заедно олио и галета, докато получите ронлива смес.
Пилешките филета се потапят в разбитото яйце и след това се намазват с галетата.
Отърсете излишното покритие.
Включете вашата фурна Ninja Foodi Digital Air Fryer и завъртете копчето, за да изберете „Air Fry".
Изберете таймера за около 15 минути и температура за 355 °F.
Намажете кошницата за пържене на въздух и поставете пилешките филета в подготвената кошница.
Извадете от фурната и сервирайте в чиния.
Сервирайте горещо и се насладете!

58. Пилешко печене

Порции: 4

Време за готвене: 40 минути

съставки:

1 супена лъжица зехтин

1 глава жълт лук, наситнен

1 консерва домати от консерва, нарязани на кубчета

3 скилидки чесън, смлени

2 супени лъжици пресен магданоз, наситнен

1 чаена лъжичка сух риган

4 обезкостени пилешки гърди

Сол и черен пипер, на вкус

¾ чаша сирене грюер, настъргано

1 чаена лъжичка италианска подправка

1 супена лъжица магданоз за украса

Упътвания:

Намажете съда за печене Ninja със спрей за готвене.

Разбъркайте доматите със зехтина, чесъна, лука, италианската подправка, ригана и магданоза в купа.

Разпределете тази доматена смес в подготвената форма за печене. Натрийте пилето със сол и черен пипер, след което го наредете върху доматите.

Прехвърлете този съд за печене във фурната Ninja Foodi Digital Air Fryer и затворете вратата.

Изберете режима "AIR FRY" с помощта на функционалните бутони.

Задайте времето за готвене на 35 минути и температурата на 400 °F, след което натиснете „СТАРТ/ПАУЗА", за да започнете предварителното загряване.

Поръсете сиренето върху пилето и запечете за 5 минути.

Сервирайте топли.

59. Гювеч с пиле и ориз

Порции: 4

Време за готвене: 23 минути.

съставки:

2 килограма пилешки бутчета с кост

Сол и черен пипер

1 чаена лъжичка зехтин

5 скилидки чесън, наситнени

2 големи глави лук, нарязани

2 големи червени чушки, нарязани

1 супена лъжица сладък унгарски червен пипер

1 чаена лъжичка лют унгарски червен пипер

2 супени лъжици доматено пюре

2 чаши пилешки бульон

3 чаши кафяв ориз, размразен

2 супени лъжици магданоз, наситнен

6 супени лъжици сметана

Упътвания:

Пилето се овкусява със сол, черен пипер и зехтин.

Запържете пилето в тиган за 5 минути от всяка страна, след което прехвърлете в SearPlate.

Запържете лука в същия тиган, докато омекне.

Хвърлете чесън, чушки и червен пипер, след което запържете за 3 минути.

Разбъркайте доматеното пюре, пилешкия бульон и ориза.

Разбъркайте добре и гответе, докато оризът омекне, след което добавете заквасената сметана и магданоза.

Разпределете сместа върху пилето в SearPlate.

Прехвърлете SearPlate към фурната с цифров въздушен фритюрник Ninja Foodi и затворете вратата.

Прехвърлете сандвича в Ninja Foodi Digital Air Fryer Oven и затворете вратата.

Изберете режим "Печене", като завъртите диска.

Натиснете бутона TIME/SLICES и променете стойността на 10 минути.

Натиснете бутона TEMP/SHADE и променете стойността на 375 °F.

Натиснете Старт/Стоп, за да започнете готвенето.

Сервирайте топли.

60. Печено пиле с подправки

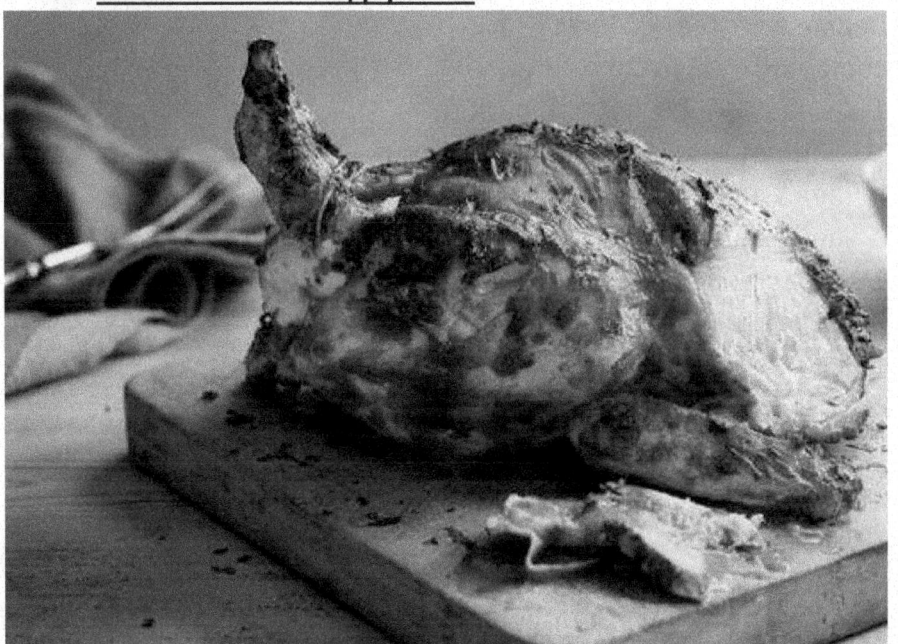

Порции: 3

Време за готвене: 1 час

съставки:

1 чаена лъжичка червен пипер

½ чаена лъжичка лют червен пипер

½ чаена лъжичка смлян бял пипер

½ чаена лъжичка чесън на прах

1 чаена лъжичка сушена мащерка

½ чаена лъжичка лук на прах

Сол и черен пипер, на вкус

2 супени лъжици масло

½ цяло пиле, отстранени вратовете и вътрешностите

Упътвания:

Вземете купа и смесете заедно мащерката и подправките.

Намажете пилето с олио и го натрийте със сместа от подправки.

Включете вашата фурна Ninja Foodi Digital Air Fryer и завъртете копчето, за да изберете „Air Fry".

Изберете таймера за около 30 минути и температура за 350 °F.

Поставете пилето в кошницата за пържене на въздух и пържете на въздух за 30 минути.

След това извадете пилето, обърнете го и го оставете да се пържи още 30 минути.

Когато се сготви, оставете да престои 10 минути върху голяма чиния и след това нарежете на желани парчета.

Сервирайте и се насладете!

61. Ароматни пилешки бутчета

Порции: 6
Време за готвене: 25 минути
съставки:
1 1/2 lbs пилешки бутчета
1 ч. л. зехтин
1/4 ч. л. смлян кимион
1/2 ч. л. сушен риган
1/4 ч. л. кайен
1 ч. л. червен пипер
1 ч. л. сушен магданоз
1/4 ч. л. лук на прах
1 ч. л. медено-горчичен сос
1/2 ч. л. чесън на прах
1 супена лъжица масло, разтопено
Пипер
Сол

Упътвания:
Изберете режим на пържене на въздух, задайте температурата на 375 °F и настройте таймера на 25 минути. Натиснете копчето за настройка, за да загреете предварително.

В купа за смесване разбъркайте пилешките бутчета с останалите съставки.

Подредете пилешките бутчета в кошницата на фритюрника.

След като модулът е предварително загрят, отворете вратата и поставете кошницата с въздушен фритюрник на най-горното ниво на фурната и затворете вратата.

Сервирайте и се насладете.

62. Чийз Пиле

Порции: 4

Време за готвене: 55 минути

съставки:

4 пилешки гърди

1 ч. л. сух босилек

1 ч. л. сух риган

1 чаша пармезан, настърган

1 чаша половин и половина

1 чаша сирене чедър, настъргано

Пипер

Сол

Упътвания:

Поставете пилешките гърди в намаслена тава за печене и отгоре поръсете със сирене чедър.

В купа смесете пармезан, половин и половина, риган, босилек, черен пипер и сол.

Изсипете сместа от сирене върху пилешките гърди.

Изберете режим на печене, след което задайте температура на 375 °F и време за 55 минути. Натисни старт.

След като фурната Ninja Foodi Digital Air Fryer Oven е предварително загрята, поставете съда за печене във фурната.

Сервирайте и се насладете.

63. Пикантни пилешки бутчета

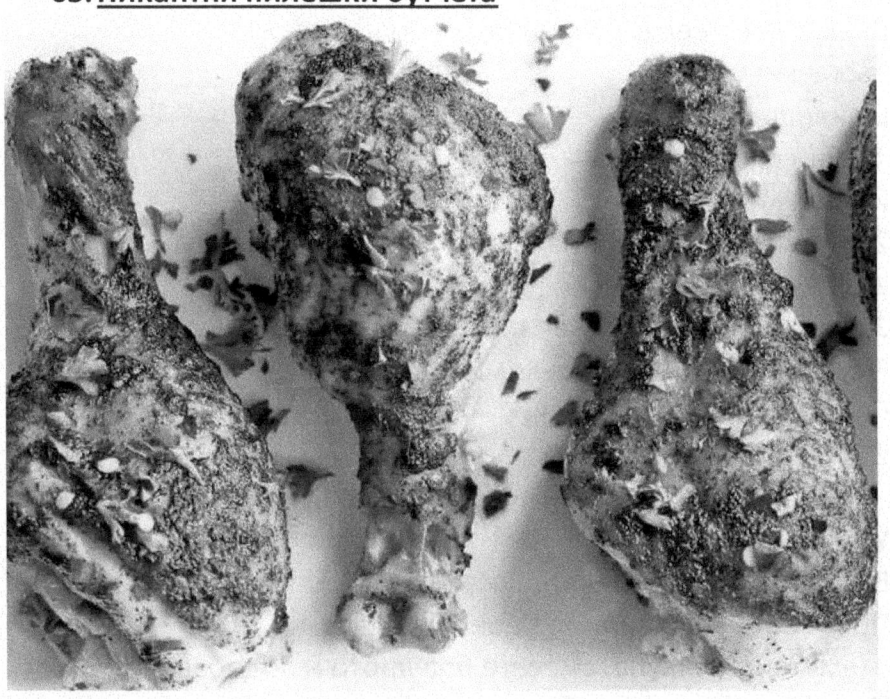

Порции: 6
Време за готвене: 25 минути
съставки:
6 пилешки бутчета
4 чаши бяло брашно
2 чаши мътеница
2 супени лъжици лук на прах
2 супени лъжици чесън на прах
2 супени лъжици червен пипер
2 супени лъжици смлян кимион
Сол и черен пипер, на вкус
2 супени лъжици зехтин

Упътвания:
Вземете купа, добавете пилешките бутчета и мътеницата. Приберете в хладилник за около 2 часа.
Вземете друга купа, смесете брашното и подправките.
Извадете пилешките бутчета от мътеницата и ги намажете с брашнената смес.
Направете го отново, докато имаме фино покритие.
Включете вашата фурна Ninja Foodi Digital Air Fryer и завъртете копчето, за да изберете „Air Fry".
Изберете таймера за около 20 до 25 минути и температура за 360 °F.
Намаслете кошницата за пържене на въздух и върху нея наредете пилешките бутчета.
Извадете го, когато пилешките бутчета са достатъчно кафяви и сервирайте в чиния за сервиране.

64. Пилешки бутчета с билки

Порции: 4

Време за готвене: 20 минути

съставки:

½ супена лъжица пресен розмарин, смлян

½ супена лъжица прясна мащерка, смляна

Сол и смлян черен пипер по желание

4 пилешки бутчета

2 супени лъжици зехтин

Упътвания:

В голяма купа добавете билките, солта и черния пипер и разбъркайте добре.

Намажете пилешките бутчета с масло и след това натрийте с билкова смес.

Подредете пилешките бутчета върху намазнената чиния SearPlate.

Натиснете бутона AIR OVEN MODE на фурната Ninja Foodi Digital Air Fryer и завъртете диска, за да изберете режим „Air Fry".

Натиснете бутона TIME/SLICES и отново завъртете диска, за да зададете времето за готвене на 20 минути.

Сега натиснете бутона TEMP/SHADE и завъртете диска, за да настроите температурата на 400 °F.

Натиснете бутона "Старт/Стоп", за да започнете.

Когато уредът издаде звуков сигнал, за да покаже, че е предварително загрят, отворете вратата на фурната и поставете SearPlate във фурната.

Обърнете пилешките бутчета веднъж по средата.

Когато времето за готвене изтече, отворете вратата на фурната и сервирайте горещо.

65. Пиле с домати

Порции: 4
Време за готвене: 15 минути
съставки:
1 lb пилешки бутчета
3 супени лъжици зехтин
1 чаша гроздови домати
1/2 ч. л. чили на прах
Пипер
Сол

Упътвания:
Изберете режим на пържене на въздух, задайте температура на 400 °F и настройте таймера на 15 минути. Натиснете копчето за настройка, за да загреете предварително.
В купа за смесване разбъркайте пилешките бутчета с олио, чили на прах, домати, черен пипер и сол.
Добавете пилето и доматите в кошницата на фритюрника.
След като модулът е предварително загрят, отворете вратата и поставете кошницата с въздушен фритюрник на най-горното ниво на фурната и затворете вратата.
Сервирайте и се насладете.

66. Италиански пилешки гърди

Порции: 8

Време за готвене: 45 минути

съставки:

8 пилешки гърди без кожа и кости

3 унции сирене фета, натрошено

1 супена лъжица риган

4 супени лъжици пресен лимонов сок

Пипер

Сол

Упътвания:

Поставете пилето в тава за печене.

Смесете заедно останалите съставки и изсипете върху пилето.

Изберете режим на печене, след което задайте температура на 350 °F и време за 45 минути. Натисни старт.

След като фурната Ninja Foodi Digital Air Fryer Oven е предварително загрята, поставете съда за печене във фурната.

Сервирайте и се насладете.

67. Пилешки гърди с пармезан

Порции: 4

Време за готвене: 15 минути

съставки:

2 големи пилешки гърди

1 чаша майонеза

1 чаша пармезан, настърган

1 чаша панко галета

Упътвания:

Нарежете всяка пилешка гърда наполовина и след това с чук за месо начукайте всяка на еднаква дебелина.

Намажете с майонеза двете страни на всяко парче пиле равномерно.

В плитка купа смесете заедно пармезана и галетата.

Намажете равномерно пармезановата смес от пилешкото месо.

Натиснете бутона AIR OVEN MODE на фурната Ninja Foodi Digital Air Fryer и завъртете диска, за да изберете режим „Air Fry".

Натиснете бутона TIME/SLICES и отново завъртете диска, за да зададете времето за готвене на 15 минути.

Сега натиснете бутона TEMP/SHADE и завъртете диска, за да настроите температурата на 390 °F.

Натиснете бутона "Старт/Стоп", за да започнете.

Когато уредът издаде звуков сигнал, за да покаже, че е предварително загрят, отворете вратата на фурната.

Подредете пилешките парчета в намаслената кошница за въздушно пържене и поставете във фурната.

След 10 минути готвене обърнете парчетата пиле веднъж.

Когато времето за готвене изтече, отворете вратата на фурната и сервирайте горещо.

68. Пилешки крилца, задушени в соя

Порции: 6

Време за готвене: 1 час 30 минути

съставки:

3 чаши соев сос

2 супени лъжици смлян пресен джинджифил

6 скилидки чесън, смлени

2 супени лъжици тъмнокафява захар

¼ чаша оризово вино

1 супена лъжица китайски пет подправки на прах

3 лука, бели и зелени части, нарязани

2 супени лъжици сусамово масло

3 килограма пилешки крилца

Упътвания:

В голяма купа разбийте заедно соевия сос, джинджифила, чесъна, кафявата захар, оризовото вино, петте подправки на прах, лука и сусамовото масло.

Поставете пилешките крилца в гювеча.

Изсипете маринатата равномерно върху крилцата.

Покрийте съда с найлоново фолио и охладете за поне 30 минути, но в идеалния случай за 6 часа.

Изберете „ВЪЗДУШНО ПЕЧЕНЕ" на вашата цифрова фурна с въздушен фритюрник Ninja Foodi.

Задайте температурата на 300 °F и задайте времето на 1 час, 30 минути.

Натиснете "СТАРТ/ПАУЗА", за да започнете предварителното загряване.

Когато уредът се загрее предварително, разопаковайте съда и го поставете върху решетката вътре.

Затворете вратата на фурната, за да започнете готвенето.

Когато готвенето приключи, сервирайте пилешките крилца в гювеча.

69. Пикантни пилешки бутчета

Порции: 4
Време за готвене: 30 минути
съставки:
2 lbs пилешки бутчета
2 супени лъжици зехтин
1 1/2 с. л. лют сос
1 ч. л. червен пипер
1 супена лъжица доматено пюре
2 супени лъжици оцет
Пипер
Сол

Упътвания:
Добавете всички съставки в голямата купа за смесване и разбъркайте добре.
Прехвърлете пилешките бутчета в съда за печене.
Изберете режим на печене, след което задайте температура на 450 °F и време за 30 минути. Натисни старт.
След като фурната Ninja Foodi Digital Air Fryer Oven е предварително загрята, поставете съда за печене във фурната.
Сервирайте и се насладете.

70. Сладко-кисели пилешки бутчета

Порции: 1
Време за готвене: 20 минути
съставки:
¼ супена лъжица соев сос
¼ супена лъжица оризов оцет
½ чаена лъжичка захар
½ чесън, смлян
½ лук, ситно нарязан
¼ чаша царевично брашно
1 пилешко бутче без кожа и кости
Сол и черен пипер, на вкус

Упътвания:
Вземете купа и смесете заедно всички съставки с изключение на пилешкото и царевичното брашно.
Добавете пилешкото бутче в купата, за да се покрие добре.
Вземете друга купа и добавете царевично брашно.
Извадете пилешките бутчета от маринатата и ги поръсете леко с царевично брашно.
Включете вашата фурна Ninja Foodi Digital Air Fryer и завъртете копчето, за да изберете „Air Fry".
Изберете таймера за около 10 минути и температура за 390 °F.
Намажете кошницата за пържене на въздух и поставете пилешките бедра в подготвената кошница.
Пържете на въздух за около 10 минути и след това за още до 10 минути при 355 °F.
Извадете от фурната и сервирайте в чиния.
Сервирайте горещо и се насладете!

71. Пиле от спанак

Порции: 2

Време за готвене: 20 минути

съставки:

2 пилешки гърди без кожа и кости

1/4 чаша сушени домати, нарязани

2 чаши пресен спанак, нарязан и варен

1/4 чаша сирене чедър, настъргано

3 унции крема сирене

Пипер

Сол

Упътвания:

Нарежете пилешките гърди наполовина и ги поставете в съда за печене. Подправете с черен пипер и сол.

В купа смесете спанак, чесън на прах, домати, сирене чедър и крема сирене.

Разстелете спаначената смес върху пилето.

Изберете режим на печене, след което задайте температура на 425 °F и време за 20 минути. Натисни старт.

След като фурната Ninja Foodi Digital Air Fryer Oven е предварително загрята, поставете съда за печене във фурната.

Сервирайте и се насладете.

72. Пиле с лимон-лайм

Порции: 2
Време за готвене: 20 минути
съставки:
2 супени лъжици растително масло
2 супени лъжици сок от лайм
¼ чаша лимонов сок
2 половинки пилешки гърди без кожа и кости
Италианска подправка на вкус
Сол на вкус

Упътвания:
Вземете голяма купа и добавете лимонов сок, сок от лайм и масло.
Поставете пилето в сместа и охладете за поне час.
Включете вашата фурна Ninja Foodi Digital Air Fryer Oven и завъртете копчето, за да изберете „Broil".
Вземете SearPlate.
Подредете пилето върху SearPlate и овкусете с италианска подправка и сол.
Печете пилето за 10 минути и настройте нивото на температурата на ниска.
Обърнете пилето, подправете го отново и го запечете за още 10 минути.
Сервирайте топло и се насладете!

73. Хрупкави пилешки бутчета

Порции: 4

Време за готвене: 25 минути

съставки:

4 пилешки бутчета

1 супена лъжица подправка адобо

Сол, както е необходимо

1 супена лъжица лук на прах

1 супена лъжица чесън на прах

½ супена лъжица червен пипер

Смлян черен пипер, по желание

2 яйца

2 супени лъжици мляко

1 чаша универсално брашно

¼ чаша царевично нишесте

Упътвания:

Пилешките бутчета се овкусяват с подправка адобо и щипка сол.

Оставете настрана за около 5 минути.

В малка купа добавете подправките, солта и черния пипер и разбъркайте добре.

В плитка купа добавете яйцата, млякото и 1 чаена лъжичка смес от подправки и разбийте, докато се смесят добре.

В друга плитка купа добавете брашното, царевичното нишесте и останалата смес от подправки.

Намажете пилешките бутчета с брашнена смес и отбийте излишното.

Сега потопете пилешките бутчета в яйчената смес.

Отново намажете пилешките бутчета с брашнена смес.

Подредете пилешките бутчета върху покрита с решетка тава за печене и оставете настрана за около 15 минути.

Сега подредете пилешките бутчета върху SearPlate и напръскайте пилето със спрей за готвене леко.

Натиснете бутона AIR OVEN MODE на фурната Ninja Foodi Digital Air Fryer и завъртете диска, за да изберете режим „Air Fry".

Натиснете бутона TIME/SLICES и отново завъртете диска, за да зададете времето за готвене на 25 минути.

Сега натиснете бутона TEMP/SHADE и завъртете диска, за да настроите температурата на 350 °F.

Натиснете бутона "Старт/Стоп", за да започнете.

Когато уредът издаде звуков сигнал, за да покаже, че е предварително загрят, отворете вратата на фурната и намаслете кошницата за въздушно пържене.

Поставете пилешките бутчета в подготвената кошница за пържене на въздух и ги поставете във фурната.

Когато времето за готвене изтече, отворете вратата на фурната и сервирайте горещо.

74. Печени пилешки бутчета

Порции: 6
Време за готвене: 35 минути
съставки:
6 пилешки бутчета
1 супена лъжица зехтин
За триене:
1/2 ч. л. черен пипер
1 ч. л. чесън на прах
1 ч. л. лук на прах
1/2 ч. л. босилек
1/2 ч. л. риган
1/2 ч. л. сол

Упътвания:
Поставете багажника в долна позиция и затворете вратата. Изберете режим на печене, задайте температурата на 390 °F и настройте таймера на 35 минути. Натиснете копчето за настройка, за да загреете предварително.
Намажете пилешките бутчета със зехтин.
В малка купа смесете съставките и разтрийте цялото пиле.
Подредете пилето в тава за печене.
След като уредът е предварително загрят, отворете вратата и поставете съда за печене в центъра на решетката и затворете вратата.
Сервирайте и се насладете.

75. Пиле Стир Фрай

Порции: 2
Време за готвене: 25 минути
съставки:
1 килограм пилешки гърди, нарязани на кубчета
2 червени чушки, нарязани на ситно
½ жълта чушка, нарязана на ситно
2 портокалови чушки, нарязани на ситно
1 морков, нарязан на ситно
¼ чаша пържен сос
¼ чаша царевица, отцедена
½ чаша броколи, нарязани на розички
2 чаени лъжички сусам за гарнитура
маслен спрей за смазване

Упътвания:
Вземете купа и добавете пиле, чушки, царевица, броколи и моркови в купа.
Използвайте маслен спрей, за да покриете съставката с масло.
Поставете съставките в тиган за нинджа листа.
Включете AIR ROAST на вашата цифрова фурна с въздушен фритюрник Ninja Foodi.
Задайте таймера на 25 минути при 400 °F.
Гарнирайте със сусам и пържен сос.

76. Пиле с мед и горчица

Порции: 6
Време за готвене: 40 минути
съставки:
6 пилешки бутчета, с кост и кожа
1/2 чаша мед
1/4 чаша жълта горчица
Пипер
Сол

Упътвания:
Поставете багажника в долна позиция и затворете вратата. Изберете режим на печене, задайте температурата на 350 °F и настройте таймера на 40 минути. Натиснете копчето за настройка, за да загреете предварително.
Пилето се овкусява с черен пипер и сол и се поставя в съда за печене.
Смесете жълтата горчица и меда и изсипете върху пилето.
След като уредът е предварително загрят, отворете вратата и поставете съда за печене в центъра на решетката и затворете вратата.
Сервирайте и се насладете.

77. Пилешки кебаби

Порции: 2

Време за готвене: 9 минути

съставки:

1 пилешки гърди, нарязани на средно големи парчета

1 супена лъжица пресен лимонов сок

3 скилидки чесън, настъргани

1 супена лъжица пресен риган, смлян

½ чаена лъжичка лимонова кора, настъргана

Сол и смлян черен пипер по желание

1 чаена лъжичка обикновено гръцко кисело мляко

1 чаена лъжичка зехтин

 Упътвания:

В голяма купа добавете пилето, лимоновия сок, чесъна, ригана, лимоновата кора, солта и черния пипер и разбъркайте добре.

Покрийте купата и оставете в хладилник за една нощ.

Извадете купата от хладилника и разбъркайте киселото мляко и олиото.

Нанижете парчетата пиле на металните шишчета.

Натиснете бутона AIR OVEN MODE на фурната Ninja Foodi Digital Air Fryer и завъртете диска, за да изберете режим „Air Fry".

Натиснете бутона TIME/SLICES и отново завъртете диска, за да зададете времето за готвене на 9 минути.

Сега натиснете бутона TEMP/SHADE и завъртете диска, за да настроите температурата на 350 °F.

Натиснете бутона "Старт/Стоп", за да започнете.

Когато уредът издаде звуков сигнал, за да покаже, че е предварително загрят, отворете вратата на фурната и намаслете кошницата за въздушно пържене.

Поставете шишчетата в подготвената кошница за пържене на въздух и ги поставете във фурната.

Обърнете шишчетата веднъж по средата.

Когато времето за готвене изтече, отворете вратата на фурната и сервирайте горещо.

78. Хрупкаво печено пиле

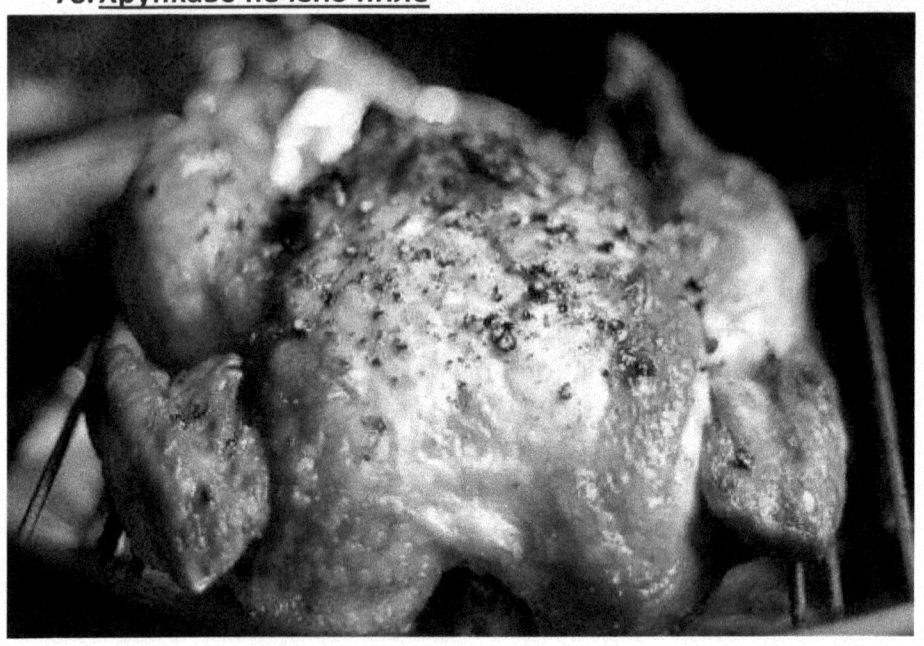

Порции: 8
Време за готвене: 40 минути
съставки:
1 цяло пиле, нарязано на 8 парчета
Сол и смлян черен пипер по желание
2 чаши мътеница
2 чаши универсално брашно
1 супена лъжица смляна горчица
1 супена лъжица чесън на прах
1 супена лъжица лук на прах
1 супена лъжица червен пипер

Упътвания:

Натрийте парчетата пиле със сол и черен пипер.

В голяма купа добавете парчетата пиле и мътеницата и охладете, за да се мариноват поне за 1 час.

През това време в голяма купа сложете брашното, горчицата, подправките, солта и черния пипер и разбъркайте добре.

Извадете парчетата пиле от купата и отцедете излишната мътеница.

Покрийте парчетата пиле с брашнената смес, като изтръскате излишното.

Натиснете бутона AIR OVEN MODE на фурната Ninja Foodi Digital Air Fryer и завъртете диска, за да изберете режим „Air Fry".

Натиснете бутона TIME/SLICES и отново завъртете диска, за да зададете времето за готвене на 20 минути.

Сега натиснете бутона TEMP/SHADE и завъртете диска, за да настроите температурата на 390 °F.

Натиснете бутона "Старт/Стоп", за да започнете.

Когато уредът издаде звуков сигнал, за да покаже, че е предварително загрят, отворете вратата на фурната и намажете кошницата за пържене на въздух.

Подредете половината от парчетата пиле в кошница за пържене на въздух и поставете във фурната.

Повторете с останалите парчета пиле.

Когато времето за готвене изтече, отворете вратата на фурната и сервирайте веднага.

79. Пилешки бутчета с джинджифил

Порции: 3

Време за готвене: 25 минути

съставки:

¼ чаша пълномаслено кокосово мляко

2 супени лъжици пресен джинджифил, смлян

2 супени лъжици галангал, смлян

2 супени лъжици смляна куркума

Сол, както е необходимо

3 пилешки бутчета

Упътвания:

Поставете кокосовото мляко, галангала, джинджифила и подправките в голяма купа и разбъркайте добре.

Добавят се пилешките бутчета и се заливат обилно с маринатата.

Оставете в хладилника да се маринова поне 6-8 часа.

Натиснете бутона AIR OVEN MODE на фурната Ninja Foodi Digital Air Fryer и завъртете диска, за да изберете режим „Air Fry".

Натиснете бутона TIME/SLICES и отново завъртете диска, за да зададете времето за готвене на 25 минути.

Сега натиснете бутона TEMP/SHADE и завъртете диска, за да настроите температурата на 375 °F.

Натиснете бутона "Старт/Стоп", за да започнете.

Когато уредът издаде звуков сигнал, за да покаже, че е предварително загрят, отворете вратата на фурната и намаслете кошницата за въздушно пържене.

Поставете пилешките бутчета в подготвената кошница за пържене на въздух и ги поставете във фурната.

Когато времето за готвене изтече, отворете вратата на фурната и сервирайте горещо.

80. Пилешки хапки

Порции: 6
Време за готвене: 10 минути
съставки:
2 големи пилешки гърди, нарязани на кубчета
1 чаша галета
⅓ супена лъжица пармезан, настърган
1 чаена лъжичка лук на прах
¼ чаена лъжичка пушен червен пипер
Сол и смлян черен пипер по желание

Упътвания:
В голяма торба за препродажба добавете всички съставки.
Запечатайте торбичката и разклатете добре, за да се покрие добре.
Изберете функцията "AIR FRY" на вашата цифрова фурна с въздушен фритюрник Ninja Foodi.
Натиснете „Бутон за температура" и използвайте диска, за да зададете температурата на 400 °F и времето за готвене на 10 минути.
Натиснете бутона "СТАРТ/ПАУЗА", за да започнете.
Подредете хапките в кошницата Air Crisp и ги поставете във фурната.
Когато времето за готвене изтече, отворете вратата и прехвърлете хапките в чиния.
Сервирайте топли.

81. Хрупкаво пиле със сирене

Порции: 4

Време за готвене: 35 минути

съставки:

4 пилешки гърди

¼ чаша зехтин

1 чаша галета

1 чаша пармезан, настърган

¼ чаена лъжичка чесън на прах

¼ чаена лъжичка италианска подправка

Сол и черен пипер на вкус

Упътвания:

Пилето се овкусява с черен пипер и сол и се намазва със зехтин.

В плитка чиния смесете пармезан, чесън на прах, италианска подправка и галета.

Намажете пилето със сместа от пармезан и галета и поставете в съда за печене.

Поставете решетката във вашата цифрова фурна с въздушен фритюрник Ninja Foodi.

Изберете режим „ПЕЧЕНЕ", задайте температура на 350 °F и задайте време на 35 минути. Натиснете старт, за да започнете предварителното загряване.

След като фурната Ninja Foodi Digital Air Fryer Oven е предварително загрята, поставете съда за печене върху решетка и затворете вратата на фурната, за да започнете готвенето. Гответе 35 минути.

Сервирайте и се насладете.

82. Пилешки бутчета с джинджифил

Порции: 6
Време за готвене: 25 минути
съставки:
4 супени лъжици пресен джинджифил, смлян
4 супени лъжици галангал, смлян
½ чаша пълномаслено кокосово мляко
4 супени лъжици смляна куркума
Сол на вкус
6 пилешки бутчета

Упътвания:
Вземете купа и смесете галангал, джинджифил, кокосово мляко и подправки.
Добавете пилешки бутчета в купата за добре покритие.
Охладете за поне 6 до 8 часа.
Включете вашата фурна Ninja Foodi Digital Air Fryer и завъртете копчето, за да изберете „Air Fry".
Изберете таймера за около 20 до 25 минути и температура за 375 °F.
Намажете кошницата за пържене на въздух и поставете бутчетата в подготвената кошница.
Извадете от фурната и сервирайте в чиния.
Сервирайте горещо и се насладете!

83. Кремообразна пилешка запеканка

Порции: 4

Време за готвене: 47 минути.

съставки:

Запеканка с пилешки гъби

2 ½ фунта пилешки гърди, нарязани на ивици

1 ½ чаени лъжички сол

¼ чаена лъжичка черен пипер

1 чаша универсално брашно

6 супени лъжици зехтин

1 килограм бели гъби, нарязани

1 средно голяма глава лук, нарязана на кубчета

3 скилидки чесън, смлени

сос

3 супени лъжици несолено масло

3 супени лъжици универсално брашно

½ чаша мляко, по желание

1 чаша пилешки бульон, по желание

1 супена лъжица лимонов сок

1 чаша сметана половина и половина

Упътвания:

Намажете гювеч с масло и хвърлете в него пиле с гъби и всички съставки за гювеча.

В подходяща тава се приготвя сосът. Добавете маслото и го разтопете на умерен огън.

Разбъркайте универсалното брашно и разбийте добре за 2 минути, след което изсипете млякото, пилешкия бульон, лимоновия сок и сметаната.

Разбъркайте добре и изсипете този кремообразен бял сос върху пилешката смес в SearPlate.

Прехвърлете SearPlate към фурната с цифров въздушен фритюрник Ninja Foodi и затворете вратата.

Изберете режим "Печене", като завъртите диска.

Натиснете бутона TIME/SLICES и променете стойността на 45 минути.

Натиснете бутона TEMP/SHADE и променете стойността на 350 °F.

Натиснете Старт/Стоп, за да започнете готвенето.

Сервирайте топли.

84. Пиле с ананас

Порции: 4
Време за готвене: 18 минути
съставки:
2 lb пилешки бутчета, без кости
1/4 чаша сок от ананас
1/4 чаша соев сос
1/4 чаша кетчуп
3/4 ч. л. чесън, смлян
1/4 ч. л. смлян джинджифил
1/2 чаша кафява захар

Упътвания:
Изберете режим на пържене на въздух, задайте температурата на 360 °F и настройте таймера на 18 минути. Натиснете копчето за настройка, за да загреете предварително.
Добавете пиле, чесън, джинджифил, сок от ананас, соев сос, кетчуп и кафява захар в торбичка с цип. Затворете плика и го поставете в хладилника за 2 часа.
Извадете пилето от маринатата и го поставете в кошницата на фритюрника.
След като модулът е предварително загрят, отворете вратата и поставете кошницата с въздушен фритюрник на най-горното ниво на фурната и затворете вратата.
Сервирайте и се насладете.

85. Пиле с билки с масло

Порции: 2
Време за готвене: 15 минути
съставки:
1½ скилидки чесън, смлян
½ чаена лъжичка сух магданоз
⅛ чаена лъжичка сушен розмарин
⅛ чаена лъжичка сушена мащерка
2 половинки пилешки гърди без кожа и кости
¼ чаша масло, омекотено

Упътвания:
Включете вашата фурна Ninja Foodi Digital Air Fryer Oven и завъртете копчето, за да изберете „Broil".
Покрийте SearPlate с алуминиево фолио и поставете пиле върху него.
Вземете малка купа и смесете заедно магданоз, розмарин, мащерка, масло и чесън.
Разпределете сместа върху пилето.
Печете във фурната с покритие от масло и билки за най-малко 30 минути на ниска температура.
Сервирайте топло и се насладете!

86. Оранжево пиле

Порции: 4
Време за готвене: 35 минути
съставки:
4 пилешки гърди без кожа
1 ч. л. розмарин, нарязан
1/4 чаша портокалов сок
1/2 ч.л зехтин
Пипер
Сол

Упътвания:
Натрийте пилето с чесън и олио. Подправете с розмарин и черен пипер.
Поставете пилето в съда за печене. Изсипете портокаловия сок около пилето.
Изберете режим на печене, след което задайте температура на 450 °F и време за 35 минути. Натисни старт.
След като фурната Ninja Foodi Digital Air Fryer Oven е предварително загрята, поставете съда за печене във фурната.
Сервирайте и се насладете.

87. Каджун печени пилешки гърди

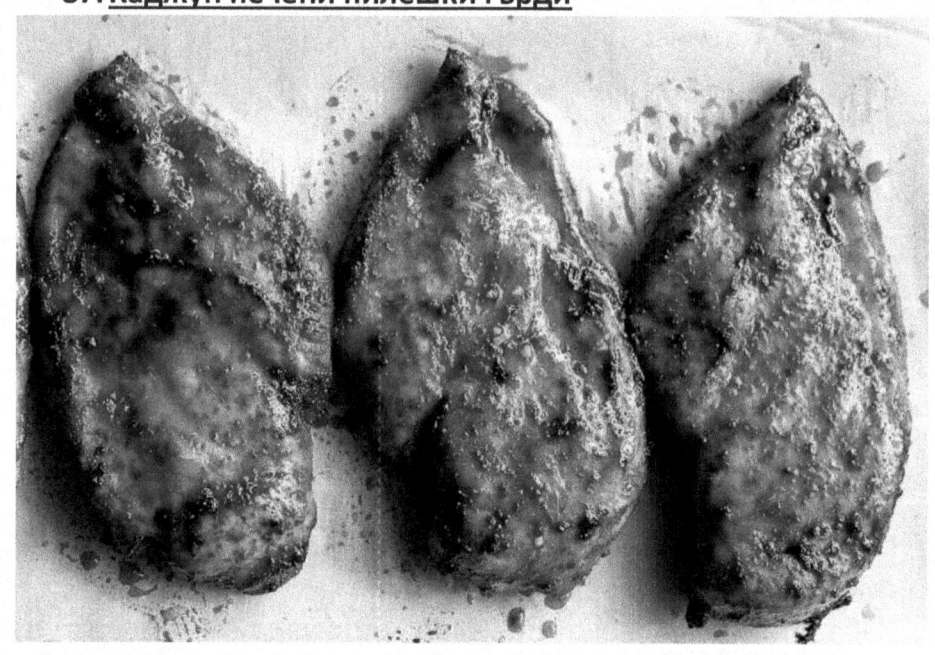

Порции: 2

Време за готвене: 20 минути

съставки:

1 килограм пилешки гърди, неварени и без кожа

2 супени лъжици масло, разделени

2 супени лъжици подправка Cajun

3 сладки картофа, обелени, нарязани на кубчета

1 чаша броколи, нарязани на розички

Сол и черен пипер на вкус

Упътвания:

Вземете купа и добавете масло и подправка Cajun. Натрийте пилешките гърди с търкането.

Сложете пилето в тигана Ninja Foodie заедно с броколи и сладки картофи. Отгоре се поръсват със сол и черен пипер.

Включете Ninja Foodi Digital Air Fryer Oven и изберете „AIR ROAST" на вашата Ninja Foodi Digital Air Fryer Oven.

Настройте таймера на 20 минути и температура на 400 °F.

След като предварителното загряване приключи, добавете тавата с пиле във фурната.

Когато вътрешната температура на пилето достигне 165 °F, сервирайте го и му се насладете.

88. Вкусни пилешки крилца

Порции: 6

Време за готвене: 12 минути

съставки:

6 пилешки крилца

1/2 ч. л. червени люти чушки

1 супена лъжица мед

2 супени лъжици сос Уорчестър

Пипер

Сол

Упътвания:

Добавете всички съставки с изключение на пилешките крилца в купа и разбъркайте добре.

Подредете пилешките крилца в кошница с фритюрник.

Изберете пържене на въздух, след което задайте температурата на 350 °F и време за 12 минути. Натисни старт.

След като фурната Ninja Foodi Digital Air Fryer е предварително загрята, поставете кошницата в горните релси на фурната.

Сервирайте и се насладете.

89. Пилешки бутчета по китайски

Порции: 4

Време за готвене: 20 минути

съставки:

1 супена лъжица сос от стриди

1 чаена лъжичка светъл соев сос

½ чаена лъжичка сусамово масло

1 чаена лъжичка китайски пет подправки на прах

Сол и смлян бял пипер по желание

4 пилешки бутчета

1 чаша царевично брашно

Упътвания:

В купа смесете заедно сосовете, олиото, петте подправки на прах, солта и черния пипер.

Добавят се пилешките бутчета и се намазват обилно с маринатата.

Приберете в хладилник за поне 30-40 минути.

В плитък съд сложете царевичното брашно.

Извадете пилето от маринатата и го намажете леко с царевично брашно.

Натиснете бутона AIR OVEN MODE на фурната Ninja Foodi Digital Air Fryer и завъртете диска, за да изберете режим „Air Fry“.

Натиснете бутона TIME/SLICES и отново завъртете диска, за да зададете времето за готвене на 20 минути.

Сега натиснете бутона TEMP/SHADE и завъртете диска, за да настроите температурата на 390 °F.

Натиснете бутона "Старт/Стоп", за да започнете.

Когато уредът издаде звуков сигнал, за да покаже, че е предварително загрят, отворете вратата на фурната и намаслете кошницата за въздушно пържене.

Поставете пилешките бутчета в подготвената кошница за пържене на въздух и ги поставете във фурната.

Когато времето за готвене изтече, отворете вратата на фурната и сервирайте горещо.

90. Вкусни пилешки хапки

Порции: 4

Време за готвене: 20 минути

съставки:

2 кг пилешки бутчета, нарязани на хапки

2 супени лъжици зехтин

1/2 ч. л. лук на прах

1/2 ч. л. чесън на прах

1/4 чаша пресен лимонов сок

1/4 ч. л. бял пипер

Пипер

Сол

Упътвания:

Изберете режим на пържене на въздух, задайте температурата на 380 °F и настройте таймера на 20 минути. Натиснете копчето за настройка, за да загреете предварително.

Добавете пилешките парчета и останалите съставки в голямата купа и разбъркайте добре.

Покрийте и поставете в хладилника за една нощ.

Подредете пилето в кошницата на фритюрника.

След като модулът е предварително загрят, отворете вратата и поставете кошницата с въздушен фритюрник на най-горното ниво на фурната и затворете вратата.

Сервирайте и се насладете.

91. Пилешки гърди, обвити в бекон

Порции: 2
Време за готвене: 35 минути
съставки:
2 обезкостени пилешки гърди без кожа
½ чаена лъжичка пушен червен пипер
½ чаена лъжичка чесън на прах
Сол и смлян черен пипер по желание
4 тънки филийки бекон

Упътвания:
С чук за месо начукайте всяка пилешка гърда на ¾ инча дебелина.
В купа смесете червения пипер, чесъна на прах, солта и черния пипер.
Натрийте пилешките гърди със смес от подправки равномерно.
Увийте всяка пилешка гърда с ленти бекон.
Натиснете бутона AIR OVEN MODE на фурната Ninja Foodi Digital Air Fryer и завъртете диска, за да изберете режим „Air Fry".
Натиснете бутона TIME/SLICES и отново завъртете диска, за да зададете времето за готвене на 35 минути.
Сега натиснете бутона TEMP/SHADE и завъртете диска, за да настроите температурата на 400 °F.
Натиснете бутона "Старт/Стоп", за да започнете.
Когато уредът издаде звуков сигнал, за да покаже, че е предварително загрят, отворете вратата на фурната.
Подредете пилешките парчета в намаслената кошница за въздушно пържене и поставете във фурната.
Когато времето за готвене изтече, отворете вратата на фурната и сервирайте горещо.

92. Пържено пилешко филе

Порции: 6
Време за готвене: 9 минути
съставки:
½ чаша пресен босилек
¼ чаша пресен кориандър
1 супена лъжица зехтин
1 чаена лъжичка чесън, смлян
1 килограм пилешко филе

Упътвания:
Смесете пресен кориандър и босилек в блендер.
Добавете зехтин и смлян чесън, разбъркайте добре.
Нарежете филето на средни парчета и добавете сместа от босилек и разбъркайте.
Подредете тава за отцеждане на дъното на камерата за готвене на фурната Air Fry.
Загрейте предварително вашата фурна Ninja Foodi Digital Air Fryer Oven до 360 °F в режим "AIR FRY".
Добавете крехките във фурната и гответе 9 минути. Разбъркайте добре.
След като готвенето приключи, оставете ги да изстинат и сервирайте.
Наслади се!

93. Вкусно японско пиле

Порции: 4

Време за готвене: 10 минути

съставки:

1 1/2 lbs пилешки бутчета, обезкостени и нарязани на 2-инчови парчета

1 ч. л. чесън, смлян

1 ч. л. кафява захар

1 супена лъжица оризов винен оцет

3 супени лъжици соев сос

2 ч. л. джинджифил, настърган

1/2 чаша царевично нишесте

Упътвания:

Изберете режим на пържене на въздух, задайте температура на 400 °F и настройте таймера на 10 минути. Натиснете копчето за настройка, за да загреете предварително.

В купа за смесване добавете пиле, джинджифил, чесън, кафява захар, оцет и соев сос и разбъркайте добре.

Покрийте и поставете в хладилника за една нощ.

Извадете пилето от марината и го поръсете с царевичното нишесте.

Подредете пилето в кошницата на фритюрника.

След като модулът е предварително загрят, отворете вратата и поставете кошницата с въздушен фритюрник на най-горното ниво на фурната и затворете вратата.

Сервирайте и се насладете.

94. Пилешки банички

Порции: 4
Време за готвене: 25 минути
съставки:
1 яйце
1 lb смляно пиле
2 чаши броколи, сварени и нарязани
1/2 чаша галета
1 1/2 чаши сирене моцарела, настъргано
Пипер
Сол

Упътвания:
Добавете всички съставки в голямата купа и разбъркайте, докато се смесят добре.
Направете малки банички от сместа и ги наредете върху тава.
Изберете режим на печене, след което задайте температурата на 390 °F и време за 25 минути. Натисни старт.
След като фурната с цифров въздушен фритюрник Ninja Foodi е предварително загрята, поставете тавичката във фурната.
Обърнете баничките след 15 минути.
Сервирайте и се насладете.

95. Мариновано ранчово печено пиле

Порции: 1
Време за готвене: 15 минути
съставки:
1 супена лъжица зехтин
½ супена лъжица червен винен оцет
2 супени лъжици суха смес за дресинг в стил Ranch
1 половинка пилешки гърди без кожа и кости

Упътвания:
Вземете купа и смесете сместа за дресинг, олиото и оцета.
Добавете пилето в него и разбъркайте, за да се покрие добре.
Приберете в хладилник за около час.
Включете вашата фурна Ninja Foodi Digital Air Fryer Oven и завъртете копчето, за да изберете „Broil".
Задайте таймера за 15 минути и нивото на температурата на високо. Натиснете бутона Старт/Стоп, за да започнете предварителното загряване.
Когато уредът издаде звуков сигнал, за да покаже, че е предварително загрят, поставете пилето върху SearPlate и печете за около 15 минути, докато пилето се свари.
Сервирайте топло и се насладете!

96. Печено пиле с лимонов пипер

Порции: 4
Време за готвене: 30 минути
съставки:
4 пилешки гърди без кожа и кости
1 ч.л подправка лимонов пипер
4 ч.л лимонов сок
4 ч. л. масло, нарязано на филийки
1/2 ч. л. червен пипер
1 ч. л. чесън на прах
Пипер
Сол

Упътвания:
Поставете багажника в долна позиция и затворете вратата. Изберете режим на печене, задайте температурата на 350 °F и настройте таймера на 30 минути. Натиснете копчето за настройка, за да загреете предварително.
Пилето се овкусява с черен пипер и сол и се поставя в съда за печене.
Изсипете лимонов сок върху пилето.
Смесете заедно червен пипер, подправка лимонов пипер и чесън на прах и поръсете върху пилето.
Добавете резени масло върху пилето.
След като уредът е предварително загрят, отворете вратата и поставете съда за печене в центъра на решетката и затворете вратата.
Сервирайте и се насладете.

97. Пилешко картофено печене

Порции: 4
Време за готвене: 25 минути.
съставки:
4 картофа, нарязани на кубчета
1 супена лъжица чесън, смлян
1,5 супени лъжици зехтин
⅛ чаена лъжичка сол
⅛ чаена лъжичка черен пипер
1,5 килограма обезкостено пиле без кожа
¾ чаша сирене моцарела, настъргано
Магданоз, наситнен

Упътвания:
Хвърлете пилето и картофите с всички подправки и масло в SearPlate.
Поръсете сиренето върху пилето и картофите.
Прехвърлете SearPlate към фурната с цифров въздушен фритюрник Ninja Foodi и затворете вратата.
Изберете режим "Печене", като завъртите диска.
Натиснете бутона TIME/SLICES и променете стойността на 25 минути.
Натиснете бутона TEMP/SHADE и променете стойността на 375 °F.
Натиснете Старт/Стоп, за да започнете готвенето.
Сервирайте топли.

РАЗТРИВКИ ЗА ПЪРЖЕНЕ

98. Френска подправка Tourtiere

съставки

99. 1 чаена лъжичка сол от целина 1/4 чаени лъжички горчица на прах
100.   1/2 чаена лъжичка смлян черен пипер
101.   1/2 ч.ч ронена чубрица
102.   1/2 чаена лъжичка смлян карамфил
103.   1/2 чаена лъжичка смляна канела
104.   1/2 чаена лъжичка смляна мащерка
105.   1/4 чаена лъжичка смлян градински чай

Упътвания

1. Вземете купа и пресейте или смесете равномерно: горчица на прах, целина, сол, градински чай, черен пипер, мащерка, чубрица, канела и карамфил.
2. Вземете своя херметичен контейнер и съхранявайте сухата смес за продължителна употреба.

99. Карибско къри

съставки

106.	1/4 С. цели семена от кориандър
107.	5 супени лъжици смляна куркума
108.	2 супени лъжици цели семена от кимион
109.	2 супени лъжици цели синапени семена
110.	2 супени лъжици цели семена от анасон
111.	1 супена лъжица цели семена от сминдух
112.	1 супена лъжица цели плодове от бахар

Упътвания

1. Смесете семената от кориандър, семената от кимион, семената от синап, семената от анасон, семената от сминдух и плодовете от бахар в тиган.

2. Пече се на среден огън, докато цветът на подправките леко потъмнее, а подправките се ухаят много, около 10 минути. Извадете подправките от тигана и ги оставете да се охладят до стайна температура. Смелете подправките с куркумата в мелница за подправки. Съхранявайте в херметически затворен контейнер при стайна температура.

3. Запържете без масло, препечете следното за 11 минути: плодове от бахар, семена от кориандър, семена от сминдух, семена от кимион, семена от анасон и семена от синап.

4. Вземете хаванче и смилайте и всички препечени подправки с куркума.

5. Поставете всичко в контейнерите си за съхранение.

100. Смес от подправки Cajun

съставки

87. 2 чаени лъжички сол
88. 2 супени лъжици чесън на прах
89. 2 1/2 чаени лъжички червен пипер
90. 1 чаена лъжичка смлян черен пипер
91. 1 чаена лъжичка лук на прах
92. 1 чаена лъжичка лют червен пипер 1 1/4 чаена лъжичка изсушен риган
93. 1 1/4 чаена лъжичка сушена мащерка
94. 1/2 чаени лъжички люспи от червен пипер (по избор)

Упътвания

1. Вземете купа, равномерно смесете или пресейте: люспи от червен пипер, сол, мащерка, чесън на прах, риган, червен пипер, кайен, лук на прах и черен пипер.
2. Вземете добър контейнер, който е херметически затворен и съхранявайте вашата смес.

ЗАКЛЮЧЕНИЕ

Пърженото пиле е ястие, което е издържало изпитанието на времето и остава любимо на мнозина. Неговата хрупкава външност и сочна вътрешност го правят комфортна храна, която се харесва на хора от всички възрасти и произход. Въпреки че може да не е най-здравословната храна, това е ястие, което обединява хората и предизвиква чувства на топлина и щастие. Независимо дали го приготвяте у дома или му се наслаждавате в ресторант, пърженото пиле е истинска класика, която ще продължи да бъде любимо ястие за поколения напред.